Breve curso sobre sonhos

Coleção **Amor e Psique**

Coordenação: Dra. Maria Elci Spaccaquerche e Dr. Léon Bonaventure

O autoconhecimento e a dimensão social

- *Meditações sobre os 22 arcanos maiores do tarô*, Anônimo
- *Encontros de psicologia analítica*, Maria Elci Spaccaquerche (org.)
- *A família em foco: sob as lentes do cinema*, Marfiza Terezinha Ramalho Reis; Maria Elci Spaccaquerche (orgs.)
- *Jung, o médico da alma*, Viviane Thibaudier

Contos de fadas e histórias mitológicas

- *A individuação nos contos de fada*, Marie-Louise von Franz
- *A interpretação dos contos de fada*, Marie-Louise von Franz
- *O que conta o conto?*, Jette Bonaventure
- *O gato: um conto da redenção feminina*, Marie-Louise von Franz
- *Mitologemas: encarnações do mundo invisível*, James Hollis
- *A ansiedade e formas de lidar com ela nos contos de fadas*, Verena Kast (eBook)

Corpo e a dimensão fisiopsíquica

- *Corpo poético: o movimento expressivo em C. G. Jung e R. Laban*, Vera Lucia Paes de Almeida (eBook)
- *Dioniso no exílio: sobre a repressão da emoção e do corpo*, Rafael López-Pedraza
- *Medicina arquetípica*, A. J. Ziegler
- *Presença no corpo: eutonia e psicologia analítica*, Marcel Gaumond

O feminino

- *Os mistérios da mulher*, Mary E. Harding
- *A prostituta sagrada*, Nancy Qualls-Corbett
- *As deusas e a mulher*, Jean Shinoda Bolen
- *O medo do feminino*, Erich Neumann
- *O que conta o conto? (II): Variações sobre o tema mulher*, Jette Bonaventure
- *Liderança feminina: gestão, psicologia junguiana, espiritualidade e a jornada global através do purgatório*, Karin Jironet

O masculino

- *Sob a sombra de Saturno*, James Hollis
- *O pai e a psique*, Alberto Pereira Lima Filho
- *Os deuses e o homem*, Jean Shinoda Bolen

Maturidade e envelhecimento

- *A passagem do meio: da miséria ao significado da meia-idade*, James Hollis
- *Incesto e amor humano: a traição da alma na psicoterapia*, Robert Stein
- *No meio da vida: uma perspectiva junguiana*, Murray Stein
- *Assombrações: dissipando os fantasmas que dirigem nossas vidas*, James Hollis

Psicologia e religião

- *Uma busca interior em psicologia e religião*, James Hillman

Psicoterapia, imagens e técnicas psicoterápicas

- *Psiquiatria junguiana*, Heinrich Karl Fierz
- *Psicoterapia*, Marie-Louise Von Franz
- *O abuso do poder na psicoterapia e na medicina, serviço social, sacerdócio e magistério*, Adolf Guggenbühl-Craig
- *O mundo secreto dos desenhos: uma abordagem junguiana da cura pela arte*, Gregg M. Furth
- *Saudades do paraíso: perspectivas psicológicas de um arquétipo*, Mario Jacoby
- *O mistério da coniunctio: imagem alquímica da individuação*, Edward F. Edinger
- *Psicoterapia junguiana e a pesquisa contemporânea com crianças: padrões básicos de intercâmbio emocional*, Mario Jacoby
- *Letras imaginativas: breves ensaios de psicologia arquetípica*, Marcus Quintaes
- *O mundo interior do trauma: defesas arquetípicas do espírito pessoal*, Donald Kalsched
- *Compreensão e cura do trauma emocional*, Daniela F. Sieff
- *Miscellanea: escritos diversos*, Jette e Léon Bonaventure

O puer

- *Puer Aeternus: a luta do adulto contra o paraíso da infância*, Marie-Louise von Franz
- *O livro do puer: ensaios sobre o arquétipo do Puer Aeternus*, James Hilman

Relacionamentos e parcerias

- *Os parceiros invisíveis: o masculino e o feminino*, John A. Sanford
- *Eros e pathos: amor e sofrimento*, Aldo Carotenuto

Sombra

- *A sombra e o mal nos contos de fada*, Marie-Louise von Franz
- *Mal, o lado sombrio da realidade*, John A. Sanford
- *Os pantanais da alma: nova vida em lugares sombrios*, James Hollis

Sonhos

- *Os sonhos e a cura da alma*, John A. Sanford
- *Aprendendo com os sonhos*, Marion Rausch Gallbach
- *Como entender os sonhos*, Mary Ann Mattoon
- *Sonhos na psicologia junguiana: novas perspectivas no contexto brasileiro*, VV.AA.
- *Pã e o pesadelo*, James Hillman
- *A busca de sentido*, Marie-Louise von Franz
- *Breve curso sobre os sonhos*, Robert Bosnak
- *Entrevistas com Marie-Louise von Franz*, Flora Bojunga (org.)

Robert Bosnak

BREVE CURSO SOBRE SONHOS

técnica junguiana para trabalhar com os sonhos

PAULUS

Título original: *Kleine Droomcursus*
ISBN 90-6069-634-4

Tradução: *Ivo Storniolo*
Revisão: *Paulo Bazaglia*
Impressão e acabamento: PAULUS

Coleção AMOR E PSIQUE, coordenada por
Dr. Léon Bonaventure e Dra. Maria Elci Spaccaquerche

Dados Internacionais de Catalogação na Publicação (CIP)
(Câmara Brasileira do Livro, SP, Brasil)

Bosnak, Robert
Breve curso sobre sonhos: técnica junguiana para trabalhar com os sonhos / Robert Bosnak; [tradução Ivo Storniolo; revisão Paulo Bazaglia]. — São Paulo: Paulus, 1994. — Coleção Amor e psique.

Título original: *Kleine Droomcursus*

Bibliografia.
ISBN 978-85-349-0128-4

1. Jung, Carl Gustav, 1875-1961 2. Sonhos I. Título. II. Série: Amor e psique.

94-0555 CDD-154.634

Índice para catálogo sistemático:
1. Sonhos: Análise: Psicologia 124.634

1ª edição, 1994
7ª reimpressão, 2021

Rua Francisco Cruz, 229 • 04117-091 – São Paulo (Brasil)
Tel. (11) 5087-3700
paulus.com.br • editorial@paulus.com.br

ISBN 978-85-349-0128-4

INTRODUÇÃO À COLEÇÃO AMOR E PSIQUE

Na busca de sua alma e do sentido de sua vida, o homem descobriu novos caminhos que o levam para sua interioridade: o seu próprio espaço interior torna-se lugar novo de experiência. Os viajantes destes caminhos nos revelam que somente o amor é capaz de gerar a alma, mas também o amor precisa da alma. Assim, em lugar de buscar causas, explicações psicopatológicas às nossas feridas e aos nossos sofrimentos, precisamos, em primeiro lugar, amar a nossa alma, assim como ela é. Deste modo é que poderemos reconhecer que estas feridas e estes sofrimentos nasceram da falta de amor. Por outro lado, revelam-nos que a alma se orienta para um centro pessoal e transpessoal, para a nossa unidade e a realização de nossa totalidade. Assim a nossa própria vida carrega em si um sentido, o de restaurar a nossa unidade primeira.

Finalmente, não é o espiritual que aparece primeiro, mas o psíquico, e depois o espiritual. É a partir do olhar do imo espiritual interior que a alma toma seu sentido, o que significa que a psicologia pode de novo estender a mão para a teologia.

Esta perspectiva psicológica nova é fruto do esforço para libertar a alma da dominação da psicopatologia, do espírito analítico e do psicologismo, para que volte a si mesma, à sua própria originalidade. Ela nasceu de reflexões durante a prática psicoterápica, e está começando a renovar o modelo e a finalidade da psicoterapia. É uma nova visão do homem na sua existência cotidiana, do seu tempo, e dentro de seu contexto cultural, abrindo dimensões diferentes de nossa existência para podermos reencontrar a nossa alma. Ela poderá alimentar todos aqueles que são sensíveis à necessidade de inserir mais alma em todas as atividades humanas.

A finalidade da presente coleção é precisamente restituir a alma a si mesma e "ver aparecer uma geração de sacerdotes capazes de entender novamente a linguagem da alma", como C. G. Jung o desejava.

Léon Bonaventure

Prefácio

Quem sonha pode achar este livro interessante; quem afirma não sonhar nunca, descobrirá nele um método prático para recuperar os próprios sonhos. As pessoas já envolvidas no trabalho com sonhos serão atingidas e ficarão fascinadas ao ver que os sonhos, como poesias, podem intensificar e, por vezes, esclarecer o sentido da vida.

Robert Bosnak faz o leitor entrar em sua experiência, tanto de sonhador quanto de "ouvinte ativo" dos sonhos dos outros. Para o leitor profano, a sua candura, o estilo claro e vivaz darão um sentido de concretude para termos como "resistências", "transferência" e "imaginação ativa". Os conceitos alquímicos em psicologia são explicados com vívidas sessões de oficina. Os escritores acharão estimulante a nova luz em que Bosnak, descrevendo as próprias percepções associativas, ilumina a natureza da metáfora. Além disso, o leitor comum terá uma visão do interior do processo com o qual um analista de talento chega à identificação interpretativa, graças à qual os analisandos são levados ao reconhecimento do significado do sonho.

Além do fascínio desse estudo num plano individual, Bosnak leva o leitor a perceber a importância para a sociedade, o valor *político*, de dedicar maior atenção a esses aspectos importantes do nosso ser que permanecem não compreendidos na vida onírica desconhecida de milhões de pessoas.

Denise Levertov

De carro para o consultório

Estou no automóvel, em direção a Cambridge, Massachusetts, onde exerço minha atividade analítica. O tráfego procede com movimentos soluçantes, deixando-me tempo de pensar com calma no sonho da noite passada.

Eis o sonho:

Estou numa casa em construção. Há uma grande cadela são-bernardo, belíssima, com o nome de Angie, que é atacada por um buldogue que seguro na coleira. O buldogue morde o pescoço de Angie, mantendo-a parada; e desaparecem juntos, agarrados em combate mortal. Estou aterrorizado. Quando Angie reaparece, com os pêlos em desordem, mas aparentemente incólume, fico muito contente. O buldogue desapareceu. Depois disso estou no casamento do filho de um tio meu, muito ambicioso e sedento de poder.

Agora devo parar num semáforo fechado e os automobilistas de Boston, que parecem todos ter a precedência ao mesmo tempo, exigem que eu mantenha a máxima atenção.

Apenas depois de chegar ao consultório posso refletir um pouco sobre o meu sonho. Ainda tenho dez minutos até a chegada do primeiro paciente. A chaleira assobia; o chá está pronto. Agora me acomodo em minha cadeira de balanço e observo a outra cadeira de balanço vazia diante de mim.

Naquela cadeira eu próprio estou sentado, diante de mim: o meu primeiro paciente. Passando de uma cadeira para outra, conto o meu sonho para mim mesmo como analista. A primeira coisa que me vem à mente é o quanto meu tio se parece com um tenaz buldogue que, com a sua sede de poder, suga e corrói qualquer coisa. Posso perceber a sua sede de poder nos meus maxilares e aperto-os até sentir dor. Depois rosno. De repente pulo no pescoço de Angie e vejo o sangue diante dos olhos. Raiva terrível. Vampiro no pescoço. Continuar a morder, matar este animal! Associo:

Angie, anjo. Não conheço nenhuma Angie. Nunca vi antes aquela cadela, embora no sonho fosse muito familiar. Angie? Sim, certamente. Há muito tempo. Cantava como anjo. Anjo? Minha mulher... raiva dela? Minha mãe? Minha filha? Raiva incestuosa? Certamente. Mas isso eu já sabia há muito tempo. Não me surpreende minimamente. Para compreender isso não preciso do sonho.

Buldogue... disseram-me que os buldogues são particularmente treinados para nunca soltar a presa quando afundam os dentes em algo. O meu primeiro paciente, que em sete minutos estará diante da minha porta, parece um buldogue. Morde tudo o que pode, de modo particular as mulheres. Quer dominá-las. E eu tenho aquele buldogue na coleira. Ou é ele que tem a mim. Que confusão!

"Caramba! Seria melhor parar de pensar."

"É melhor que você continue a pensar!", diz severamente o meu analista, repreendendo-me como a um escolar indisciplinado.

Angie? Angie? Anjo! É a única coisa que emerge constantemente do interior. A única coisa a fazer é voltar à lembrança daquilo que acontece no sonho.

Procuro recordar a imagem do sonho do modo mais detalhado possível. Pouco depois consigo revê-la claramente diante de mim. Que estupenda cadela! Um animal magnífico, enorme. A cabeça é a imagem da beleza. Mas, que tipo de imagem? E quem era de fato são Bernardo? Vou me informar esta noite. Agora penso nos cães de socorro que carregam barriletes no pescoço e tiram da neve os viajantes perdidos. Viajantes perdidos. Eu me perdi? Onde me perdi? O meu anjo que socorre... olho o relógio. Que pena; restam apenas cinco minutos! Espero que hoje o buldogue chegue atrasado. Mas isso não vai acontecer. Se você quer de fato que alguém chegue atrasado, ele será pontual.

Quanto mais olho Angie, mais vívida ela se torna e penso que sempre mais bela. Descubro-me lançando-lhe olhares amorosos, como adolescente enamorado. E é apenas uma cadela! Que pervertido! Mas não é apenas uma velha cadela qualquer. Não, agora a vejo como um ser inspirador, cheio de poder e de graça. Um poderoso animal fêmea. Poder, poderoso. Meu tio sedento de poder reina soberano no dia das núpcias. Dois tipos opostos de poder: um é o belíssimo poder feminino das imagens, que traz socorro; o outro é um feroz e mordente macho estuprador que me segura na coleira. Ele estupra o meu anjo, procura subjugá-la. É um tormento! Quer possuir o meu anjo, talvez para conseguir dinheiro. Meu tio consegue arrancar dinheiro de qualquer coisa. Usar a Musa para escrever livros. Como este livro, esta casa em construção. Tornar-se famoso, ter poder. Agora a voz do buldogue ecoa como se estivesse histericamente sedenta de poder.

Graças a Deus, Angie volta sozinha, evidentemente vitoriosa. Contudo, sei com certeza que os sonhos não são histórias lineares, com um início e um fim, de uma vez por todas. Os sonhos são modelos que se repropõem constantemente, com matizes sempre diferentes. A batalha entre o meu anjo da guarda que socorre e a mordida devoradora do buldogue de modo nenhum terminou. É uma das estruturas da minha alma que se representa sempre sob aparências diversas. Às vezes, conscientemente, me coloco do lado de um; às vezes, do lado de outro. A batalha se expressa de muitos e diferentes modos.

Esta noite vou perguntar à minha mulher se às vezes eu a ataco como um buldogue e se desafogo sobre ela a minha fúria contra as mulheres. Todavia, talvez ela pudesse aproveitar a ocasião para descarregar toda a raiva que sente contra mim e, talvez, se por exemplo não me amasse naquele momento particular (toda relação íntima tem a sua dose de rancor), poderia dizer-me que me comporto sempre como um cão sanguinário. Vou pensar duas vezes antes de lhe dar essa ocasião.

Agora observo os dois cães, deixando que as qualidades do caráter deles se compenetrem. A seu modo cada cão me pertence, assim como pertenço a eles.

A campainha toca.

* * *

O primeiro paciente.

Ainda briga com a sua companheira. Observo como range os dentes, como se estivesse mordendo. Fica com ciúme de todo homem para quem ela olha. "Puxa vida! Deveria deixar de olhar para os homens", grita furioso.

"É fácil", observo, "basta pegar uma agulha de costura e furar-lhe os olhos. Muito eficaz e definitivo. Nunca mais olhará para outro homem".

Essa observação saiu de mim de forma totalmente inesperada. Ambos ficamos espantados. Primeiro sorrimos nervosamente, como se tivéssemos sido pegos em flagrante. Por fim mostramo-nos desgostosos e forçados a refletir.

Especialmente quando o seu trabalho fica estagnado, este paciente prova o mesmo ciúme de todas as mulheres que foram as mais importantes em sua vida, inclusive a mãe. É um escritor. Quando se bloqueia, pensa que deve manter de algum modo sob controle a sua inspiração e torna-se furioso se não consegue produzir nada. Além disso, há meses que não tem trabalho. O dinheiro está acabando e também o sexo não é mais divertido. Sente-se fraco, impotente e furioso. De quem era o sonho dos cães? Meu ou dele?

Começou um novo dia. Começou com o sonho de uma casa em construção. Ou em demolição? De repente não consigo mais lembrá-lo bem. Minhas imagens se tornam cada vez mais vagas, como se uma poderosa funda me atirasse na alma de algum outro, dilacerado entre propulsão e repulsão.

1
Exercícios de memória

Um sonho não é uma história, nem um filme, nem um texto ou comédia teatral. Um sonho é um acontecimento no espaço, uma articulação do espaço.

Encontramo-nos num espaço que ao despertar chamamos de "sonho". Nele vivemos coisas das quais podemos falar como de uma história de sonho.

Mas a história não é o próprio sonho. A história é uma trama tecida de espaço e tempo, dentro da qual nos encontramos. Durante o sonho acreditamos estar despertos, assim como acreditamos estar despertos quando de fato estamos. Eis por que é importante recordar os sonhos como estruturas espaciais, de modo que as nossas experiências no espaço do sonho possam ser recordadas adequadamente.

A memória existia antes que os computadores a medissem em kilobytes. Na antiguidade clássica ela era vista como uma realidade espacial e por isso o armazenamento dos dados a memorizar acontecia de modo espacial. Os oradores da Roma antiga aprendiam a desenvolver a memória movendo-se dentro de um palácio da memória, que era utilizado do seguinte modo.

Podiam-se ver os oradores, vestidos com suas togas, caminhar através de um edifício vazio. Concentravam-se muito atentamente em cada aspecto do espaço circundante, até conhecer cada ângulo. Depois de tê-lo fixado na memória, podia servir de armazém para as coisas a serem recordadas. Imaginemos agora que se deva recordar uma poesia com quinhentos versos. O primeiro verso é colocado sobre o primeiro degrau à direita, ali onde o mármore está um pouco amarelado. Sobre o terceiro degrau à direita colocamos o segundo verso, e sobre o pilar em cima das escadas (aquele com uma veia vermelha no mármore) colocamos o terceiro verso.

Assim, os elementos a serem memorizados podiam ser colocados de modo a coincidir com cada ponto específico do edifício. E, graças a um percurso imaginário, cada frase podia ser pescada novamente, na ordem desejada. A criação de um espaço imaginário favorece a lembrança espacial. E justamente o desenvolvimento da lembrança espacial é crucial no trabalho com os sonhos.

Os seguintes exercícios foram elaborados a partir dessa antiga mnemotécnica, dessa arte da memória.

Exercício 1
O movimento através do mundo do sonho

Olhe ao redor e observe onde você se encontra. Olhe ao redor e reconheça que você está desperto. Agora tenha consciência de que você pensa estar desperto também enquanto sonha. Reconheça que você acredita estar desperto, o que porém não significa que você não está sonhando.

Após ter tomado consciência dessa percepção, continue o exercício do ponto de vista de que na realidade você está sonhando.

Você se encontra num mundo de sonho que o circunda inteiramente, como acontece a cada noite. É um mundo totalmente autêntico. Toque o pavimento: é sólido. Belisque um braço. Que sensação experimenta?

Agora comece a mover-se no espaço. Continue a reconhecer que você se move no interior de um sonho noturno ordinário, enquanto, ao mesmo tempo, tem certeza de estar desperto. Observe intensamente cada objeto que o circunda.

Repita freqüentemente esse exercício.

Exercício 2
A lembrança dos objetos do sonho

Você sonha que está aprendendo exercícios de memória de um livro intitulado *Breve curso sobre sonhos.* Agora tome esse livro nas mãos e examine atentamente o aspecto dele. Depois faça-o girar lentamente, realizando um giro completo; observe-o como um objeto que gira.

Feche os olhos.

Reveja agora na memória o livro como objeto. Procure recordar como girava e como aparecia a partir de diversas angulações.

Repita esse exercício com vários objetos diferentes.

Exercício 3
A criação de um armazém para a memória

Encontre um espaço grande o suficiente para poder mover-se; por exemplo, um quarto com muitos objetos. Caminhe nesse quarto durante alguns momentos. Agora vá esculpindo cada ângulo na memória. Depois sente-se ou deite-se, feche os olhos e coloque cada detalhe diante do seu olho interno. Quanto mais vezes repetir isso, mais fácil se tornará. Alguns objetos podem ser recordados mais facilmente quando os tocamos com as mãos ou os cheiramos. Coordene ao máximo seus sentidos nesse exercício de memorização.

Como os oradores de outrora, agora você tem um armazém para a memória.

Exercício 4
Um giro imaginário em sua casa

Mova-se através da memória e procure a casa cuja imagem é mais clara para você. Por exemplo, a casa de seus pais, ou a casa em que vive atualmente. Tome alguns momentos para imaginar algumas casas conhecidas e decida de qual é capaz de recordar-se melhor agora.

Após ter lido estas linhas, feche os olhos e concentre-se durante um minuto em sua respiração. Sinta como o ar atravessa os pulmões e tome consciência do maior número possível de sensações corpóreas. Comece pelos pés e vá subindo lentamente até o alto. Quando tiver explorado lenta e profundamente o seu corpo, visualize a casa na qual você entrará com a imaginação. Observe a fachada dela, ou então o lugar em que se encontra a porta pela qual você costuma entrar. Olhe-a atentamente. Observe os detalhes. Há janelas? De que cor são os materiais da construção (madeira, paredes, pedras e assim por diante)? Observe atentamente. Depois dê as costas para a porta de entrada e olhe ao redor. O que você vê diante de si? Gire lentamente. Se há uma porta, que aspecto tem? Qual a altura dela? De que cor ela é? Onde está a maçaneta, a campainha?

Abra e pare na soleira. Olhe ao redor. Deixe que os olhos se habituem à possível mudança de luz; olhe o pavimento. Que aspecto tem? É de pedra? De madeira? De que material? Continue a imaginar, mesmo que a sua memória fique bloqueada. Que aspecto têm as paredes? Olhe para cima. O teto? Depois comece a mover-se lentamente através do espaço e, se você não se encontra na cozinha, vá até lá. *Cuide de caminhar lentamente.* Tome o tempo necessário. Olhe constantemente ao redor, para cima, para baixo, para a frente, para trás, para a esquerda e para a direita. Se está vendo um objeto interessante, aproxime-se e observe-o.

Na cozinha vá até a pia. Há uma torneira? Que aspecto ela tem? O que há debaixo da pia? Há um fogão ou outras instalações para cozer? A gás, a eletricidade ou a lenha? O que há entre o fogão e a pia? Que aspecto tem o pavimento? Há janelas? Olhe para cima: há fontes de luz? Agora olhe ao redor sem pressa e procure entre os objetos aqueles que você gostaria de observar mais de perto.

Após ter olhado atentamente, dirija-se lentamente para o lugar da casa onde se encontra a sua cama. Lentamente, muito mais lentamente. A aprendizagem da lentidão é um dos exercícios mais difíceis no inconsciente mundo das imagens.

Agora pare diante da cama e olhe ao redor. Que aspecto tem o espaço que a circunda? De novo, olhe em todas as direções, acima e abaixo de si. Observe atentamente a cama. Aproxime-se e sente-se na beira dela. Depois deite-se. Lentamente! Se há cobertas, cubra-se. Feche os olhos e recorde como você se sentia aí. Permaneça assim um pouco, até reviver exatamente as sensações que pertenceram a essa cama. Depois fique sentado, lentamente, e olhe ao redor. Alguma coisa ao redor mudou? Olhe para baixo, para cima, para trás e para a frente.

Levante-se lentamente e dirija-se com passo de lesma para a porta pela qual entrou. Observe se no intervalo algo mudou. Depois abra a porta (se estava fechada) e saia. Permaneça de pé, de costas para a porta, e desperte, lentamente, no lugar em que você estava sentado com este livro. Observe atentamente a transição entre a consciência da imagem e a consciência do despertar.

* * *

Os próximos exercícios referem-se à registração dos sonhos. A registração escrita é muito importante. Basta pensar quantas vezes já nos aconteceu estarmos certos de que não esqueceríamos um sonho para toda a vida, e depois de alguns minutos, ou às vezes segundos, ele desaparecesse irremediavelmente da consciência. A registração é um esforço para neutralizar a sua evaporação, um sustentáculo para a memória, através do qual torna-se possível chegar novamente até o sonho. Às vezes é a única coisa que permanece para nós, como os hieroglifos sobre as ruínas de uma cultura desaparecida, uma anotação numa lápide antiga.

Algumas pessoas sustentam que jamais sonham. Trata-se de uma afirmação inexata. Deveriam dizer que não se *recordam* dos sonhos. Uma pesquisa de laboratório estabeleceu que cada um de nós tem cerca de cinco períodos de sono por noite, durante os quais os olhos se movem muito rapidamente sob as pálpebras fechadas. Este é chamado de sono REM (movimento rápido dos olhos).

Cada um tem cerca de cinco fases REM por noite: muitos sonhos para recordar. Todavia, a transição da consciência do sonho para a consciência do despertar acontece através do esquecimento. O problema é: como podemos agarrar um sonho antes que ele se dissolva?

Exercício 5
A observação do momento do despertar

Comece com a intenção de despertar do modo mais consciente possível. Procure fazer de fato a experiência da transição entre o sono e o despertar. Quando isso acontece, antes que o despertar se apague, permaneça exatamente na posição em que está e observe o sono que se transforma em despertar. Sinta como o seu corpo desperta.

Onde estão as tensões? Como está a sua cabeça? E a sua respiração? E daí por diante.

Faça isso todo dia, por uma semana, e decida não lembrar *nenhum sonho*. A única coisa que importa é a observação do momento do despertar.

Exercício 6
A preparação para a registração dos sonhos

Após ter completado a semana com o exercício 5, coloque um bloquinho e uma caneta perto da cama. Faça de modo a ter uma luz *fraca* facilmente acessível, suficiente para permitir que você leia o que está escrevendo. Ou então poderia ter próximo ao leito um gravador comandado pela voz. Este, porém, é um método duvidoso, porque representa uma passagem ulterior entre o sonho e a registração escrita. As resistências internas podem dissuadi-lo de transcrever o que registrou na fita e, por fim, você se encontraria com horas e horas de murmúrios indistintos, sem nenhum texto.

Agora repita o exercício anterior, consciente do fato de que um bloquinho o espera pacientemente ao lado da cama. Não procure recordar nenhum sonho. Contudo, se aparecer algum sonho, escreva-o.

Exercício 7
Registração escrita dos sonhos

Se recordar um sonho não é problema para você, então comece aqui. Há muitos métodos para a registração: vou descrever três.

1. Você desperta com um fragmento de sonho flutuando vagamente. Fique tranqüilo na mesma posição, como um cão de caça que observa a presa. Não agrida o sonho de repente, mas observe-o por um momento. Depois, com os olhos fechados, pegue a caneta e escreva exatamente aquilo de que se lembra. Pare de novo. Deixe que a sua

atenção flutue ao lado dessa imagem. Outro fragmento poderia emergir. Escreva-o. Desse momento em diante você pode conseguir pescar de novo o sonho inteiro.

2. Você desperta no meio da noite com um sonho inteiro, com a sensação de que ele é tão extenso que será impossível escrevê-lo todo. Neste caso registre primeiro os dados salientes, usando, como apoio para a memória, algumas breves palavras descritivas. Por exemplo: "construção, são-bernardo, Angie, buldogue, luta, pescoço, desaparecido, aterrorizado, volta, contente". Volte a dormir. Se de manhã você não tem a menor idéia do que representam essas palavras em código, a experiência falhou. Se você se lembra, mova-se através das imagens, como fez no giro imaginário pela sua casa (exercício 4), e procure escrever cada particular, de modo mais ou menos decifrável. Muitos sonhos desaparecem, tornando-se indecifráveis.

3. Você desperta de manhã com um sonho. Comece a escrever pela última cena e depois, pelo caminho inverso, remonte até o seu início. Ou então vá simplesmente do começo ao fim. Não se demore demais no percurso, pois poderia perder os detalhes das imagens. O ideal é descrever as imagens do ponto de vista *interno*, de modo que você deva simplesmente olhar ao redor.

Durante o banho e o café da manhã imprima profundamente o sonho na memória. Se tiver vontade, pode contá-lo a alguém. Freqüentemente, ao fazer isso, a pessoa recorda coisas que tinham ficado inobservadas. Contando o sonho já se tem um cotejo, sem que seja necessário qualquer comentário por parte da outra pessoa. Um ouvido externo muda a perspectiva. Aprenda o sonho de memória, como se fosse uma poesia. À medida que o vai reevocando, começará a dispensar palavras, como se fossem fragrâncias.

Desse modo você poderá manter um acesso ao seu sonho para o dia inteiro. Reviva-o brevemente cada vez que vai ao banheiro, ou quando estiver sozinho. Recorde cada detalhe. De noite, antes de adormecer, visite-o mais uma vez.

Boa-noite.

Não escolha os seus sonhos antes de tê-los colocado por escrito. À primeira vista as resistências poderão fazê-los parecer banais. Contudo, depois de um pouco de trabalho de escavação, freqüentemente os sonhos que parecem mais banais são os que produzem muito material. Às vezes as pessoas não escrevem os sonhos que poderiam ser desaprovados pelos outros (genitores, consorte, suspeitos intrometidos: "Sempre tenho a sensação de que alguém mete o nariz no meu livro de sonhos quando não estou por perto"). Junto com santo Agostinho, agradeçamos ao Altíssimo não nos ter feito responsáveis pelos nossos sonhos, e escrevamos sobretudo aqueles sonhos problemáticos.

Não acredite poder recordar um sonho para sempre e por isso não dever escrevê-lo. Cinco minutos depois essa memória "eterna" poderá ter desaparecido...

Exercício 8
Lidando com a superabundância de material onírico

Agora enfrentamos o problema oposto a "não sonho nunca", ou seja: "Tenho tantos sonhos que poderia passar a noite inteira a escrevê-los, e a cada dia ficar com sete novos sonhos".

Durante a análise pode acontecer que o analisando apresente-se com notável quantidade de material onírico, de modo a impedir qualquer outro trabalho. Este é um fenômeno de resistência, no qual o material principal desaparece, sepultado pela abundância. Em geral a memória onírica se adapta à quantidade que pode ser tratada pela consciência diurna. Se por alguma razão, porém, isso não devesse acontecer, não há sentido em chegar de manhã cambaleando, com os olhos avermelhados e as pernas bambas, por ter passado a noite inteira a escrever os próprios sonhos. Nesse caso recorde dois sonhos. Caso devessem se apresentar mais e houvesse um que se imponha com força e convicção particulares, adote esse no seu livro de sonhos. Os outros deverão permanecer órfãos.

* * *

Se você executa esses exercícios como escolar em débito, que deve fazer recuperação, e se tem a sensação de ser repreendido a cada vez que não os faz até o fim, isso quer dizer que você encontrou uma imagem que lhe está criando fortes resistências. Esteja sempre consciente da razão pela qual está fazendo os exercícios. Você os faz como Sherlock Holmes, como aprendiz de místico, como autocurador, como pesquisador?

O trabalho com os sonhos é rodeado por resistências. Isso é freqüentemente fonte de aversão. Procure sentir as resistências da forma mais profunda possível. Elas podem se exprimir sob a forma de repulsa, enjôo, impressão de estar envolvido com algo completamente insignificante, ou ainda sensação de ser ridículo. Não procure combatêlas; observe-as. Deixe-lhes todo o espaço de que têm necessidade. É mais importante aprender a compreendêlas do que eliminá-las.

2

O texto de um sonho

Agora que estabelecemos claramente a existência de uma diferença muito grande entre sonho e história do sonho, tão grande quanto a diferença entre uma história no jornal e o acontecimento real que ela descreve, ocupemo-nos do texto de um sonho registrado.

Você colocou uma caneta perto da cama, sobre o criado-mudo, perto da luz fraca, apenas suficiente para escrever, e capturou um sonho. Ele não lhe escorregou por entre os dedos e você conseguiu escrevê-lo depressa, no coração da noite. Agora é de manhã e você ainda pode recordar claramente diversas imagens, mas outras não voltam, e então lê o texto, escrito às pressas com rabiscos. Um sonho assim, meio dissolvido, apresenta-se freqüentemente: consiste em parte de imagens vivas, que podem ser revividas, e em parte de crônicas registradas, de uma era desvanecida, esquecida.

O que podemos fazer com essas crônicas, com esses textos? Como ponto de partida, consideremos o sonho como um organismo psíquico, uma realidade viva sob forma espacial. Não se pode extrair um órgão de um ser humano sem alterar todo o seu corpo, e o mesmo vale para as imagens de um sonho. Todos os elementos que o constituem pertencem à sua identidade. Cada parte é necessária para a existência de cada imagem específica.

A imagem de um sonho é uma construção complexa, formada de partes diferentes. Comecemos com a de um dos meus pacientes, que posso chamar de Stella: "Estou prisioneira num aeroplano, cujo fundo é de vidro". Essa imagem inicial é composta de cinco partes: eu, prisioneira, aeroplano, vidro, fundo. Estes cinco elementos estão presentes simultaneamente e podem ser interpretados de vários modos.

As palavras *aeroplano* e *fundo* têm duplo significado. Aeroplano significa "avião", e também "nível".* Fundo significa "parte inferior", e também "nádegas". Esses duplos significados da língua estão presentes também em nosso contexto.

– O meu aprisionamento foi devido ao fato de que olho o mundo abaixo de mim a partir de uma posição elevada, por trás de um vidro.
– Estou prisioneira nesse vôo, com nádegas de vidro; volúvel.
– No meu alto nível existe vidro entre mim e o mundo visível, que está abaixo. Estou confinada a esta situação, como prisioneira.
– O meu espírito voador é obrigado a ficar distante.
– Quando as minhas nádegas de vidro estão em vôo, fugindo eu me sinto como prisioneira; estou prisioneira desse "vôo das nádegas de vidro", estou presa no vórtice da velocidade.

Procuro criar novas imagens a partir dos elementos simultâneos que se me apresentam. Enquanto os misturo como um maço de cartas, vagas impressões começam a se desenvolver. O significado simbólico das imagens, a metáfora, começa a se precisar; é o tratamento do texto bruto, até à produção de uma metáfora. Por isso é impor-

* Em inglês a palavra *plane* significa aeroplano, nível, plano.

tante trazer para a superfície as qualidades específicas de cada componente da imagem pedindo que o sonhador faça associações, como, por exemplo: "O que emerge quando você pensa em aeroplanos?" Dessa forma criam-se conjuntos associativos, direta ou tangencialmente em relação com a imagem do sonho, como: "Na outra semana eu estava no avião para...", ou então: "Quando eu era pequena, tinha medo de voar"; "Minha tia é piloto".

O pedido de associações é uma das partes essenciais no trabalho com os sonhos. Ajuda a estabelecer as conexões com o cotidiano do sonhador.

Ao lado dessas associações pessoais, cada palavra cria uma espécie de campo eletromagnético de significados, em geral associados com a própria palavra. Depois das associações pessoais podemos entrar no campo das palavras.

- Eu — a imagem de mim mesmo, com a qual costumeiramente me identifico, com a qual respondo ao mundo e na qual me reconheço.
- Prisioneiro — posto sob chaves, limitado, fechado, fechado em algo do qual não posso sair, introvertido, fechado, murado, separado.
- Aeroplano — voar através do ar, alta velocidade, criado pela engenhosidade racional, impulsionado para a frente por uma explosão controlada, distante, em vôo; nível, superfície plana, bidimensional.
- Vidro — separação quase invisível, observação sem ficar exposto àquilo que é observado, separado da imediatez dos acontecimentos, ver através sem sentir, transparente, frágil.
- Frágil — parte inferior, partes baixas, baixo, interface com o que está embaixo; parte de trás, nádegas, órgãos sexuais.

Este sonho dá a impressão de uma imagem do Eu que, fechado em si mesmo, sente-se limitado; olha com distância o mundo que está embaixo, sente-se frágil e não realmente parte da imediatez da vida; alguém que, excluído da vitalidade, é acionado pela velocidade do engenho, olha de cima para baixo os outros, está em fuga da sua delicada sexualidade, embora se sinta constantemente exposto como pessoa cujo contato com a realidade terra-a-terra seria facilmente esmagador.

Exercício 9
Misturar os elementos do sonho

É preciso fazer todas as conexões entre os elementos singulares (Eu, prisioneira, aeroplano, vidro, fundo). Você leu apenas uma de outras tantas conexões possíveis.

Quanto mais tempo você usar nessa tarefa, tanto mais clara se tornará a imagem.

Faça este exercício por escrito e torne-o a base de leitura de todo o sonho, a partir da imagem inicial.

Este é o texto completo do sonho, tal como foi registrado pela sonhadora:

Estou presa num aeroplano que tem o fundo de vidro — estamos nos despenhando — sem controle — peço a duas outras senhoras no aposento para segurar nossas mãos e meditar. Uma delas o faz. Estamos muito calmas diante da morte iminente. Aterrissamos, há muitas pessoas — tipos desleixados — alguém faz um sinal com a cabeça, dando-me a entender que aquilo que penso é verdadeiro — estamos todas à caça de sexo. Uma das senhoras encontra um homem mais educado (penso que de farda) e vamos para a cama juntos. Ela encontra um também para mim. Ele se veste de branco — como Al Huang — provavelmente um médico. Sinto-

me atraída e ele também. Ele sorri e parece fácil estar bem com ele. Não estou sendo ameaçada. Digo que primeiro devo me lavar — momento difícil — a água transborda — faço xixi na ducha com pavimento de madeira — não consigo fechar a água etc. Alguém vem me procurar.

Tenho medo de que o homem esteja com raiva de mim porque fomos tão longe — nós o procuramos, ele está em seu quarto, três ou quatro planos acima (vemos a luz acesa).

Uma das finalidades do trabalho com os sonhos é ligar as imagens com a vida pessoal do sonhador. Primeiro tínhamos observado a imagem inicial. Expressões como "distância" e "em fuga" ecoam a vida do sonhador. A relação de Stella com o seu marido se rompeu há quatro anos, depois de um matrimônio muito ativo sexualmente. Depois disso viveu sozinha e não teve nenhuma relação íntima. Agora está no começo dos quarenta e trabalha comigo há dois anos. Após ter deixado o seu marido, tornou-se professora universitária.

Stella conservava certa distância no que se referia às relações íntimas. Não tinha vida sexual e passava os dias estudando, ensinando e meditando durante horas por dia. Evidentemente o sonho descreve uma situação de aprisionamento, acima do nível da vida de todos os dias. Stella observa o mundo por detrás de um vidro e não tem qualquer contato íntimo (nádegas de vidro) nesse nível elevado. Depois a situação se precipita. O vôo parece dar-lhe uma sensação de controle sobre a sua existência, porque, no momento em que termina, ela tem a sensação de estar "sem controle".

Antes de continuar, imaginemos esta cena: você está sentado num avião que está caindo. O que sente? A sua vida inteira está se precipitando: você sente que perdeu o controle dos comandos. Aterrissagem precipitada; queda; medo da altura. Morte!

A imagem do Eu, no sonho de Stella, é muito calma e tranqüila; eu diria que uma calma gélida. Geralmente a imagem do Eu é um aspecto da consciência habitual. Ou então reflete as reações e os comportamentos habituais de uma pessoa. Não chamo a imagem do Eu "a sonhadora" porque, no momento do sonho, sonhador e sonho são idênticos. O sonhador *é* o sonho. A consciência do Eu é apenas um aspecto do mundo dos sonhos e do sonhador.

"Sim", diz Stella, numa associação que se refere a esse aspecto calmo do Eu, "a morte de jeito nenhum me assusta. É um elemento recorrente na minha meditação".

A autoconsciência de Stella coincide, aqui, com as reações da imagem do Eu.

O sonho, todavia, fornece um quadro ambivalente. Há duas figuras femininas com as quais a imagem do Eu quer ser segurada pelas mãos. Nesse confronto meditativo com a morte, que se avizinha velozmente, Stella pode manter contato apenas com uma dessas figuras. Pode ter sob controle uma das duas senhoras; a Outra salienta a sua independência não lhe dando a mão. Isso se demonstrará importante a seguir, porque a Outra Senhora saberá como interagir com o mundo situado embaixo.

Aterrissamos em um terreno sólido no País das Muitas Pessoas, pessoas no sentido coletivo. Um mundo de personagens desgastadas. Uma multidão heterogênea. Bêbados, beberrões. Degradação. Aqui tudo é baixo, arrastado no barro. Um mundo semelhante a um monte de excrementos, um mundo sujo. (Agora entendo por que ela estava protegida/aprisionada por trás de um vidro, num vôo de grande altitude.) Todos os tipos de imundície, sujeira e emporcalhamento estão combinados com o sexo e seguidos por ele.

Descrevendo a imagem, de dentro para fora, Stella pinta um mundo feito de submundos decrépitos, com sujeira pelas ruas, e de homens não barbeados que cambaleiam como bêbados pelos becos.

Depois há uma figura que lhe faz um sinal com a cabeça. Não lembra claramente quem fosse. Apenas o sinal.

A palavra latina para "sinal, aceno" é *numen*. Na mitologia a divindade anuncia a sua presença perturbadora com um aceno de cabeça. De *numen* deriva a palavra "numinoso", que representa o aspecto irracional do sagrado, a misteriosa natureza divina que nos fascina e nos faz tremer.

O mistério irracional, que faz Stella tremer, é o sexo. "Estamos todas à caça de sexo." Agarradas pelo sexo. Aqui é imaginada a sedução do sexo. Diante dessa sedução, a imagem do Eu fica impotente, esmagada. O Eu, costumeiramente habituado aos outros vôos, fica inábil. Esse é o mundo da sedução sexual, no seu aspecto sujo. Todas as coisas aqui estão obscenas, desleixadas e imundas, embriagadas e embrutecidas. Esta é a imagem primordial, freqüentemente descrita, da desenfreada vida das paixões. A esse ponto começa a busca de um homem mais limpo, uma busca de pureza, nesse repelente mundo venéreo. A Outra Senhora, independente, pode sentir-se à vontade sem problemas nesse mundo obscuro. Encontra uma possibilidade de relação nesse mundo sinistro. É militante e encontra o soldado. Stella não tem muito a associar com referência ao soldado. Diz apenas: "Guerra, um guerreiro que pode combater. Um cavaleiro que a protegerá". O homem cavalheiresco, que pode defendê-la nas disputas do sexo. Para Stella aparece uma figura semelhante: o Médico vestido de Branco.

Sexo com o Médico de Branco. Ele se parece com Al Huang, um famoso mestre chinês de Tai Chi. Num dos grupos de trabalho que foram realizados sobre esse sonho, muitos dos participantes associavam Al Huang com "wang", que significa pênis. "El Wang." O falo salutar.

Esse sexo salutar, essa cura sexual, acontece por meio do doutor exótico. O doutor exótico expulsa o elemento ameaçador e faz o sexo tornar-se branco, puro e atraente.

Assim, graças à Outra Senhora, foi introduzida uma mudança na experiência sexual. Agora pode ser curada.

Neste ponto ficam esclarecidos os elementos de transferência presentes no sonho. No momento em que o Cavaleiro e o Médico são experimentados no analista, eles se identificam com a persona do analista. Aqui se desenvolve um jogo de papéis inconsciente. Na linguagem analítica esse jogo de papéis é chamado de transferência e contratransferência. A relação imaginada é, freqüentemente, de natureza sexual. Começa então o bailado da água.

É um apuro sucoso, uma irrefreável inundação de libido. Você abre. Pode abrir a torneira, mas depois de aberta não pode fechá-la. Stella quer ser limpa, purificada. A cura sexual deve acontecer na mais absoluta limpeza. Mas não pode conter os impulsos que perseguem como ondas. Avançam sobre ela com tal força que ela faz xixi sobre o pavimento de madeira. Está cheia de suco, transbordante. Stella escreveu "ervilha" em vez de "xixi"* (Freud ensinou que o lapso ao escrever ou falar é de enorme importância). O que significa a ervilha nesse contexto? Lembra-nos a história da princesa sobre a ervilha. Era tão sensível que qualquer irregularidade em sua cama a mantinha desperta a noite inteira. Não tinha, com efeito, podido dormir, por causa de uma ervilha que estava debaixo de doze colchões. O mundo da humilde ervilha irrita o mundo da princesa.

* Em inglês "ervilha" escreve-se *pea*, enquanto "xixi" escreve-se *pee*. São palavras homófonas, e daí a possibilidade do lapso.

Essa imagem da ervilha acrescenta hipersensibilidade à imagem da frágil altura em que o aeroplano tinha aprisionado Stella. A elevada natureza principesca, altamente sensível, mantém-se a distância (a espessura de muito colchões) do mundo das pequenas irritações, banais e excitantes.

Quem é o Médico Oriental com quem Stella deve fazer amor?

O médico mora no terceiro ou quarto andar. Três ou quatro andares mais no alto. Nesse vale de sexo, ele mora acima.

Ele desenvolve a ação recíproca da parte de baixo e da parte de cima, tomando parte em ambas as realidades. É a inoculação que protegerá Stella do ataque, demasiadamente direto, desse mundo indecente e desgastado. Sua penetração a inundará de sexo. Homeopaticamente, porém, fará com que esse obscuro mundo subjacente, no qual caiu, não a violente, mas, ao contrário, a possa penetrar, possa vaciná-la. Ele é a luz num mundo escuro ("vemos a luz acesa"). Oriente — orientação. Um sentido de marcha no obscuro mundo da paixão sexual. A intimidade tornou-se novamente possível depois de um longo período de indiferença.

3

A escuta dos sonhos

Minha primeira reação após ter ouvido um sonho é: "Não tenho a menor idéia do que o sonho queira dizer. Isso demonstra que os sonhos são algo puramente absurdo, ou que talvez a minha capacidade de compreeensão não está à altura da complexidade do seu mundo". Nesses momentos sinto-me um charlatão, um intérprete que não domina a língua, um vigarista. Sinto-me, enfim, terrivelmente pequeno. Os sonhos parecem incompreensíveis por natureza, sem sentido, um insulto ao "bom-senso". Todavia, se não reajo desse modo, se de repente sei precisamente do que se trata, então suponho que estou preso numa resistência, que para tornar o sonho inócuo me faz ter a impressão de tê-lo compreendido imediatamente. O sonho não se encontra à vontade em nossa consciência diurna. Como Mercúrio, o deus dos ladrões, nós o roubamos do seu território noturno. Cada sonho requer a passagem para uma consciência semelhante ao sonho, que possa aderir ao mundo dos sonhos. Tal passagem é traumática. A consciência diurna tropeça, quando confrontada com um tipo de lógica *essencialmente* estranha a ela.

O tropeçar da consciência racional é um evento doloroso, circundado por uma multidão de resistências. Não agrada a ninguém, mas o sonho nos faz justamente tropeçar. Assim, traduzir diretamente um sonho para a lógica diurna, usando esquemas preconcebidos, é um método que não faz justiça à diferença entre realidade onírica e realidade diurna, e é portanto fundamentalmente inadequado.

Uma das tarefas do trabalho com os sonhos é fazer tropeçar repetidamente a nossa consciência, para poder nos arrancar das posições fixas. É um trabalho desagradável, freqüentemente uma tortura para a nossa consciência habitual.

Por essa razão, enquanto se escutam os sonhos, é importante evitar interpretações-relâmpago ("Entendi!") e oferecer uma audição pronta para suportar o confronto com a total incompreensibilidade do sonho. A compreensão imediata implica o mais das vezes em amarrar a realidade do sonho com cadeias de formas conceituais preexistentes, contribuindo mais para a esclerose da consciência do que para o autodesdobramento da imagem.

Você está bloqueado por um sonho que o confunde completamente. É um bom início. Peça para o contarem duas vezes.

Antes de ouvir o sonho, escute como está o seu corpo. Onde estão os blocos de energia, onde incomoda, onde está confortável? Comece pelos pés e mova-se lentamente para cima. Isso lhe dará a possibilidade de observar se as suas sensações corporais mudam durante o relato do sonho, e como.

Depois controle se algo o pervade nesse momento. Quais complexos estão particularmente ativos? Isso permitirá que você colha as mudanças do seu estado de ânimo durante o relato.

Agora o sonho é relatado pela segunda vez.

Escute-o com um ouvido e concentre o resto da sua atenção no vagar da sua mente. Em que ponto você começa a ficar enjoado? Em que ponto começa a pensar que está ouvindo um monte de besteiras? Comece a pensar em algo que não tenha nenhuma relação com aquilo que você está escutando. Uma imagem do seu passado, esquecida há muito tempo, aparece fora do nada.

Ou então note que o sonho entreabre a lembrança de um seu amigo íntimo da infância. No seu mundo, a ação do sonho se desenvolve perto da porta da casa do seu amigo. Ou então de repente você fica excitado e começa a pensar numa série de imagens pornográficas. Você poderia ter vontade de se masturbar. Ou de repente fica com raiva. Ou fica desgostoso. E assim por diante.

Por exemplo, enquanto escutava o sonho do aeroplano de Stella, eu pensava num menino da minha vizinhança na Holanda, chamado Jimmy. Eu o via caminhar ao longo do canal. Não tem relação nenhuma com o sonho. Após ter acabado o trabalho, procuro recordar novamente essa imagem, como se fosse um sonho meu, correspondente àquele que estava sendo contado. Imprevistamente me recordo de que Jimmy morreu de gripe e que as suas últimas palavras foram: "Agora vou para os anjos". Era a primeira vez que uma pessoa íntima para mim morria. Obviamente o sonho despertava os medos primitivos da morte e lembrava a ligação natural, no meu mundo, entre a morte e os anjos voadores. Devo ter inconscientemente associado "aeroplano" e "céu" a "paraíso", como moradia da morte.

Através do *meu material imaginativo* entrei em relação com o sonho de Stella.

Portanto, quando você ouve o sonho de alguém e se apresenta a você uma imagem pessoal, que não tem nenhuma relação aparente com o sonho que está ouvindo, deixe aquela imagem se depositar e observe se aparece uma ligação oculta.

Se se apresenta uma série de imagens irrelevantes, faça uma experiência, ao acaso, com aquela que o atinge mais, seja porque muito importante ou muito insignificante.

Quando você percebe que sobretudo uma parte do sonho é muito enjoativa, ou fez você quase dormir, tome-a como regra prática: as resistências estão presentes em relação a essa parte. As resistências do sonhador são prevalentemente inconscientes e podem ser transferidas inconscientemente para quem está ouvindo. Às vezes, enquanto você ouve um sonho, é muito significativo se de fato você adormecer. Ou se, enquanto está ouvindo, tiver sentido uma pontada de dor no joelho. Antes você estava com dor no estômago, mas o joelho estava bem. Concentre-se sobre o joelho e sinta que está jogando futebol. Você quer dar um chute no sonhador. Por quê? Você não está experimentando nenhuma agressividade consciente. Depois você percebe que sempre sente essa necessidade quando alguém (inclusive você mesmo) tenta tapeá-lo.

Suponhamos que você sinta dor nos pulmões. A um exame mais atento você percebe que, enquanto ouvia o sonho, estava segurando a respiração e toda a atmosfera lhe dava a sensação de estar fechado num pequeno buraco. (Cada sonho tem a própria atmosfera, como os corpos celestes. Freqüentemente essa atmosfera é a única coisa que permanece de um sonho.) Ou então você sente coceira no couro cabeludo. Sua cabeça está irritada. O intelecto acha-se submetido a pequenas irritações. As metáforas se apresentam freqüentemente como sintomas precisos do corpo.

Ensine o sonhador a relatar o sonho a partir de dentro, como se o sonho estivesse acontecendo agora. Desse modo o sonhador poderá evocar os detalhes e a atmosfera das imagens do modo mais claro possível. Peça-lhe para comportar-se como um guia turístico que leva companheiros de viagem a visitar o sonho.

Agora o sonho foi contado pela segunda vez.

Neste ponto já aconteceu uma mudança. O primeiro relato se reflete no segundo. As conexões saltam aos olhos. Ouça as imagens do sonho e procure concentrar-se totalmente sobre elas. Ouça o ritmo com que é relatado. Em que ponto a pessoa se apressa? Em que ponto se arrasta com fadiga? Ouça as entonações, prestando atenção às expressões do corpo e da face.

Em outras palavras, observe o sonhador enquanto ele conta o sonho. Eu freqüentemente fecho os olhos e me concentro em sua voz. É uma escolha pessoal. Procure visualizar as imagens junto com o sonhador. Por exemplo, no sonho do aeroplano note que há um movimento de ascensão ao céu/descida para a terra. Procure observar se há um ponto de vista específico a partir do qual você olha o sonho. Poderia ser, por exemplo, ver este sonho do ponto de vista do Médico vestido de Branco.

Neste ponto é vantajoso ter o sonho escrito diante de si, para poder segui-lo como um texto. Algumas pessoas são contrárias à registração escrita, porque escrever os sonhos confina a sua realidade nos limites estreitos de um texto escrito. Trata-se de um bom argumento. É importante deixar que o sonho fale, sem que o sonhador olhe o escrito. O sonho pode assim ser relatado a partir de dentro do seu mundo de imagens oníricas relembradas. Será interessante notar os pontos em que o primeiro relato se distancia do segundo.

Agora comece a analisar o texto.

Você poderia levantar os braços ao céu, desesperado, e dizer: “Não posso fazer tudo ao mesmo tempo”. Nesse caso, deixe que eu lhe dê um conselho: esqueça todas as observações que fiz até agora. São apenas regras empíricas que às vezes ajudam, alguma sugestão para desenvolver a disciplina da arte dos sonhos. Nesse trabalho é importante aprender coisas, e depois esquecê-las, para não atrapalhar a observação espontânea, graças à qual você pode descobrir as suas forças.

Freqüentemente a sua força maior, no trabalho com os sonhos, é uma característica que você considera como a sua fraqueza mais desagradável. Por exemplo, você se descobre extremamente suspeitoso. Espera das pessoas sempre o pior: um hábito seu que não lhe agrada muito. No trabalho com o sonho é freqüentemente útil deixar que essa característica venha à tona, porque um caminho característico pode farejar algo de podre no material e o desagradável mau cheiro. Nesse caso a sua suspeita torna-se instrumento para descobrir a negatividade. Uma vez que você tenha descoberto a podridão, é importante abandonar o julgamento de valor destrutivo, que é parte da suspeita. Assim fazendo, use os poderes de observação inerentes à suspeita, mas não o seu julgamento destrutivo. Outra fraqueza sua poderia ser a hipersensibilidade das vísceras, que se contorcem por qualquer tensão. O sintoma pode ser o lugar da sua sensibilidade, a sua perceptibilidade. É importante ouvir o sonho com essa sensibilidade perceptiva. No caso de sintomas nas vísceras, ouça com um ouvido o seu ventre, procurando perceber quando aparece a dor e de que tipo é. A tensão que você acumula com tais sintomas poderia estar relacionada, no sonho, a um aglomerado de emoções.

Ao ouvir os sonhos, contudo, é de importância capital saber que tudo é possível, e que a nossa compreensão do mundo dos sonhos encontra-se tão avançada quanto a compreensão da álgebra por parte dos babuínos.

Até aqui este capítulo ocupou-se com a audição dos sonhos dos outros, porque trabalhar sobre os sonhos de outrem é muito mais fácil do que trabalhar sobre os próprios.

As imagens mais significativas são protegidas por uma barreira de resistências que mantém à distância a força emotiva das imagens em relação à consciência ordinária. Este é um modo de manter em xeque as emoções que não se adaptam à costumeira imagem de si próprio. Quando a consciência habitual observa um sonho, procurará adaptar o material imaginário ao assim chamado autoconhecimento. Grande parte do material removido permanecerá da mesma forma, e as imagens significativas desaparecerão sob a água. Mesmo que você *queira* trabalhar sobre os sonhos por conta própria, poderá tropeçar nesse obstáculo. Sobrevêm mil e uma razões que o impedem de trabalhar sobre seus próprios sonhos, especialmente depois de passados os primeiros entusiasmos. Por isso é importante trabalhar junto com outros. Uma ou mais pessoas fornecem uma consciência auxiliar, que pode ver em zonas em que a consciência habitual é cega. As outras pessoas podem ver coisas que poderiam fugir a você. Com o auxílio delas, sua consciência pode parar sobre imagens das quais, de outra forma, você fugiria de maneira dissimulada.

Há dois modos diferentes de trabalhar seus sonhos junto com outras pessoas, fora de uma terapia: trabalho recíproco em casal e trabalho em grupo.

No trabalho recíproco duas pessoas se ocupam regularmente com os próprios sonhos. Segundo a minha experiência, é útil que cada uma das duas tenha a sua vez. Por exemplo, a primeira hora é a sua vez e a segunda a minha; ou então, na quarta-feira trabalhamos sobre os seus sonhos, e na sexta sobre os meus; ou ainda, esta semana trabalhamos sobre os meus e na próxima sobre os seus. A vantagem de ter um programa preciso é definir claramente as tarefas recíprocas: durante certo tempo é tarefa minha escutar, e sua contar. Se o trabalho é realizado desse modo por *longo período de tempo,* desenvolve-se uma memória em que as imagens dos novos sonhos podem ser relacionadas com as precedentes. É uma vantagem.

O problema do trabalho recíproco com os sonhos é que a transferência, o jogo do papel inconsciente, torna-se por vezes complicado. Por isso é importante acertar regularmente que o trabalho recaia dentro de esquemas fixos. Por exemplo, quando trabalho sobre os seus sonhos, me identifico quase sempre com as figuras autoritárias mais idosas, enquanto você, em meus sonhos, se identifica sempre com as figuras infantis. Ou então eu me sinto a vítima e você se sente materno. Discuta regularmente o papel em que você chegou a se encontrar. Se você se atolou, conte novamente a situação a uma terceira pessoa, cujo papel será apenas o de escutar.

Algumas pessoas preferem trabalhar com os sonhos com quem não tem nenhuma outra relação com elas. Dado que freqüentemente os sonhos se referem inconscientemente a problemas sexuais e de poder, é melhor, desde o início, estabelecer relações bastante simples.

Às vezes é preferível limitar o trabalho a mais ou menos uma hora por semana, para evitar que as imagens íntimas, que podem emergir, tenham uma influência cotidiana sobre a relação dos dois parceiros.

Seja no trabalho em casal seja no trabalho em grupo, *o sonhador deveria descobrir por si mesmo do que o sonho trata.* O trabalho do ouvinte deveria se limitar a reunir as imagens às quais foi dada menor ênfase e ajudá-lo a envolver-se com elas. Não é um problema de interpretação. As imagens oníricas devem se desvelar através da constante atenção de que se tornam objeto. A única tarefa do ouvinte é manter constante essa atenção, de modo que o sonhador não caia preso nas resistências do Eu e não fuja de certas imagens particulares. Deveria, além disso, respeitar o desejo do sonhador de não entrar demasiado fundo em certas imagens. Ambos os parceiros deveriam sentir-se seguros e à vontade, e estabelecer os próprios limites.

A intimidade que se desenvolve no trabalho recíproco pode ser ameaçadora, e por isso uma dimensão menos concentrada torna-se preferível. A vantagem do trabalho em grupo é que a imagem de um sonho é remetida ao sonhador por diversos ouvintes, fazendo aparecer mais perspectivas. Até que alguém afirme "essa imagem significa isso", cada pessoa do grupo pode colocar perguntas estimulantes a partir da imagem. Tarefa de todos é manter o sonhador concentrado sobre imagens. Cada um pode decidir, como membro do grupo, sobre quais se deverá trabalhar. Ou então pode ser designado um chefe do grupo, permanente ou temporário, o qual, no fim, estabelecerá a direção a tomar sobre um determinado sonho. Assim como no trabalho recíproco, é importante refletir sobre dinâmicas entre os membros do grupo e observar o desenvolvimento de papéis fixos.

Para o trabalho com os próprios sonhos, penso geralmente que seja útil considerar o trabalho como uma representação teatral (veja, por exemplo, "De carro para o consultório", à página 9). Imagine que você está trabalhando com um sonho com alguém cujo papel consiste em mantê-lo concentrado sobre as imagens e em colocar perguntas para você. Se emergem opiniões precisas sobre o sonho, então você pergunta: "Quem diz isso? Que voz interna exprime essa convicção?" A resposta poderia ser: "Parece minha mãe/meu pai/o meu lado astronauta". Ao colocar essas perguntas você pode descobrir que a figura do Eu no sonho é identificada com um tipo semelhante de voz. A libertação dessa identificação pode ajudá-lo a ver o sonho a partir de outra perspectiva. Caso contrário, o sonho é visto do ponto de vista habitual do Eu, que torna o trabalho extremamente enjoativo. Examine, por exemplo, o sonho seguinte:

Estou na janela e vejo que fora estão violentando uma mulher. Viro-me e não quero olhar. Atrás de mim há uma mulher que acha o acontecimento absolutamente normal e de modo nenhum desagradável.

A primeira reação da sonhadora ao despertar é: "Aquele estupro era horrível; algo em minha vida não está bem". Com essa reação, começa a trabalhar com o sonho, mas não vai além da sensação de que algo não está bem na sua vida. Isso evoca um sentimento de pânico.

Quando apresenta o sonho ao grupo, imediatamente o sonho suscita uma reação unânime por parte de seus membros: a sonhadora deve ser protegida. Examinando mais atentamente, identificamos a reação do grupo como uma resposta materna à sonhadora, como se fosse uma menininha, uma vítima. Identificamo-nos com a mãe que quer proteger a sua criatura do feio e mau mundo externo. Essa identificação bloqueia qualquer elaboração ulterior. Apenas quando desviamos a nossa atenção para a mulher ao fundo, que considera o estupro absolutamente normal, podemos continuar com o trabalho. O complexo mãe-filha, que engoliu o sonho, desvanece e torna-se evidente que a sonhadora procura desesperadamente agarrar-se à sua inocência e ingenuidade. Cria para si mesma um mundo artificial em que pode ser doce e gentil. Ao mesmo tempo, percebe o mundo externo como cruel e hostil. O sonho indica a perda da sua doce virgindade, o fim de uma imagem unívoca de si própria.

No seu trabalho com o sonho, a sonhadora, assim como o grupo, identifica-se com a mãe protetora que quer desviar o seu olhar do mal do mundo externo. Até o momento em que essa identificação não for reconhecida, não haverá nenhum progresso no trabalho, independentemente do fato de que a sonhadora trabalhe sozinha com o sonho ou então com algum outro.

Uma voz interna insinua repetidamente que pode provar que você se enganou e que o sonho demonstra o quanto você foi estúpido. Especialmente quando você já se sente miserável, os sentimentos de culpa se somam. Continue a perguntar a si mesmo: "Quem diz isso?" Procure também sentir em que ponto do sonho você perdeu o interesse, em que ponto quase adormeceu, em que ponto se descobriu mortalmente enjoado. São exatamente os pontos em que emergem as resistências. A tarefa do parceiro interno é a de levá-lo até esses pontos. Ele deveria dizer regularmente: "Agora voltemos à imagem do sonho".

Assim como no trabalho recíproco com os sonhos, você deveria controlar em qual tipo de figura específica se desenvolve o parceiro interno. Poderia descobrir, por exemplo, que ultimamente ele tem sido extremamente acusador e infantil. Nesse caso você se aproximará de todos os seus sonhos com sentimento de culpa, ou com alegre sentimento de inocência. Seu trabalho se orientará então apenas numa única direção.

O trabalho com sonhos é uma atividade teatral na qual se interpretam muitos papéis. O sonho é um produto daquilo que era chamado de *theatrum psychicum*, o teatro do mundo interior. Quando todas as personagens são acuradamente descritas, as imagens são colocadas sob pressão, as emoções se aquecem e o sonho é cozido.

4

A volta à realidade do sonho

Momento vital no trabalho com o sonho é a volta à sua realidade. O sonhador penetra o seu espaço interno, até o ponto em que as imagens podem ser trazidas à memória. Nesse espaço reevocado os elementos do sonho revivem. Esta é uma fase essencial do trabalho. Particularmente os sonhos frescos, conservados como imagens espaciais, sobrevividos como eventos reais, não são como uma história, mas devem ser mantidos o mais possível próximos dos seus detalhes espaciais. São em geral os da noite precedente, ou aqueles que deixaram uma impressão particularmente forte. Alguns deles permanecem vívidos durante dias.

A atividade de penetrar o mundo dos sonhos, por meio da consciência diurna, é uma disciplina da imaginação. Em contraste com o sonhar diurno, passivo, durante o qual as imagens são simplesmente percebidas, nesta disciplina acontece a interação ativa com o mundo da imagem. As faculdades da memória são usadas ativamente para reconstruir a realidade do sonho, como já foi discutido no capítulo 1. Depois dessa reconstrução, que começa com vagos restos e ruínas, é possível continuar a sonhar o sonho. Essa arte é chamada *imaginação ativa.*

O seguinte sonho pode servir para a demonstração. A pessoa em questão é um professor rígido, branco, de meia idade, que se apresentou para a análise por causa de problemas de dependência, depois de uma prolongada cura psiquiátrica com um verdadeiro arsenal de remédios. Ele teve o seguinte sonho:

Eu caminho através de um bairro negro em ruínas. Estou perto da ponte que leva até o bairro branco. Não me sinto completamente à vontade, embora não esteja apavorado. Paro ao lado de um jovem alto, negro. Está suspenso na barra de um trapézio num parque de diversões, num jardim. A barra é de fato demasiado baixa para ele, mas ele tem os pés acima do chão, fazendo as pernas girarem em sentido anti-horário. Seus pés me tocam. Eu recuo. Contudo, quanto mais me desvio, mais ele se aproxima. Continua a tocar-me. Distancio-me com calma. Ele me segue. Fico com raiva e o insulto. Digo-lhe para me deixar em paz. Ele se mantém a distância, mas quando estou sobre a ponte ele me atira uma pedra. Não me atinge.

Enquanto conta o sonho, a sua primeira reação é uma ponta escondida de orgulho por não ter fugido da frente do jovem, mas, em vez, ter-se defendido.

Voltando ao sonho, ele me diz que o jovem é muito ágil. Descreve o parque e as casas dos arredores. Tudo dá a impressão de abandono. Torna-se evidente o quanto o sonhador tem medo do negro. Ao mesmo tempo, parece que o jovem procura algum contato com ele: continua a tocá-lo. Isso irrita profundamente o professor, que fica com raiva. Nesse ponto peço que o sonhador descreva com precisão todo o ambiente do sonho. Peço-lhe também que descreva qual o aspecto que o jovem tem agora. Depois lhe peço que dessa vez não seja tão agressivo com ele. O resultado é que o negro não tem más intenções. O sonhador espanta-se com o seu próprio preconceito. Esse negro específico parece diferente de como nos apareceu à primeira vista. Nos sonhos, exatamente como na vida cotidiana, reagimos às imagens que encontramos com todos os nossos preconceitos. Quando se revive um sonho é porém útil suspender os nossos preconceitos, para deixar que a imagem fale por si. Digo ao professor que, em vez da filípica sobre o jovem, ele deveria se perguntar o que o jovem quer dele e por que continua a tocá-lo. O sonhador assim faz. O jovem responde imediata e espontaneamente: "Não fique tão tenso! Relaxe!" Depois desata a rir: "Fique tranqüilo. Não fique tenso".

Esse breve diálogo mostra a característica do jovem negro: ele é livre. Uma figura descontraída, com a qual o tenso professor tem poucas afinidades. Por meio do diálogo desenvolve-se uma relação entre a figuração do sonho e a consciência diurna. Agora, quando se sente particularmente tenso, o professor pode recorrer ao jovem negro. Nesses momentos pode revisitar aquele bairro para papear um pouco com ele. A consciência diurna, afadigada, pode aprender a relaxar com a figura do sonho. Não é um relaxamento imposto de fora para dentro como cura, mas nasce de dentro, brota de uma necessidade autônoma. No sonho a consciência habitual não é atacada ("Não me atinge"). Todavia, a imaginação ativa não se deixou extraviar pelas resistências do rígido professor (imagem com a qual o Eu se identifica) em direção ao jovem descontraído. Desse modo, a imaginação ativa pôde estabelecer um contato entre o sonhador e o relaxamento, produzindo um enfraquecimento da identificação com os elementos de rigidez e de tensão.

O conceito de imaginação ativa deriva de C. G. Jung. Ele descreve a descoberta na sua autobiografia:

> ... Depois me abandonei à queda. O solo pareceu ceder a meus pés e fui como que precipitado numa profundidade obscura... Mas depois, de repente... pousei os pés

numa massa mole e viscosa... Vi duas figuras: a de um homem idoso de barba branca e a de uma bela jovem. Reunindo toda a minha coragem, abordei-os como se fossem seres reais. Escutei com atenção o que me diziam...[1]

Num sonho ordinário, a imagem do Eu vê as outras figuras como pessoas reais. A realidade do sonho e a realidade diurna são em geral indistinguíveis. Na imaginação ativa o senso de realidade é diferente do senso de realidade do sonho ordinário. Há uma contínua consciência de se estar tratando com uma realidade que não é a diurna. Eis por que Jung diz, na sua descrição, que os abordou "*como se* fossem seres reais".

Na imaginação ativa você está consciente da natureza diversa das imagens que encontra, e assim mesmo trata essas entidades como *reais*. Parecem seres reais, que se comportam autonomamente, assim como as imagens do sonho se comportam de modo independente da imagem do Eu. A imaginação ativa supõe que, exatamente como no mundo dos sonhos, existam simultaneamente mais consciências e que a imagem do Eu possa estabelecer um contato (repetido) com essas entidades oníricas.

É útil iniciar um processo de imaginação ativa com a imagem de um sonho, pois a lembrança aguçada da realidade do sonho pode transmutar-se espontaneamente em imaginação ativa. Vejamos, por exemplo, o sonho de uma enfermeira:

Estou no turno da noite e devo fazer o meu giro. O quarto em que me encontro está claro como o dia. Começo pelo quarto 1. O corredor está escuro. Entro no quarto. Está muito escuro. Vejo, vagamente, uma se-

1. C. G. Jung, *Memórias, sonhos, reflexões,* Ed. Nova Fronteira, Rio de Janeiro, s/d, pp. 159.161.

nhora idosa de costas, de pé ao lado do leito. Acendo a luz elétrica e vejo que ela tem um sinal azulado no colo.

Começamos a trabalhar partindo do quarto da enfermeira. A luz é forte, quase ofuscante. A enfermeira encontra-se ao lado de uma escrivaninha de fórmica branca, que reflete a luz de neon. O quarto é pequeno. O tapete do corredor é acinzentado. A sonhadora não pode ver claramente de onde vem a luz; está muito escuro. A porta do quarto 1 é de madeira natural. A maçaneta está à direita, pintada de prata. O interior do quarto está totalmente escuro. Há um leito de hospital e uma mesa de cabeceira. Quando a luz é acesa, a sonhadora vê uma senhora idosa mais ou menos a dois metros. É magra e veste o pijama do hospital. A enfermeira não a conhece. Daquela distância pode ver claramente o sinal em seu colo. A memória do sonho pára aqui, conduzindo-a a uma imagem muito realista.

Agora começa a imaginação ativa. A passagem entre a memória do sonho e a imaginação ativa é dificilmente notada. A sonhadora se move em direção à senhora. O sinal azulado agora se torna claramente visível. A senhora idosa ainda lhe dá as costas. A enfermeira está tão perto que pode tocar o colo dela, e o faz. A senhora se volta. Seu rosto exprime profunda dor. As duas mulheres olham-se longamente. Ambas permanecem de pé sem falar, e experimentam profunda tristeza.

No exercício da imaginação ativa, em primeiro lugar é importante mudar o nosso estado de consciência em consciência da imagem. Podemos fazê-lo recorrendo à lembrança particularizada da imagem onírica, que intensifica o senso de realidade. Desse modo, a figuração do Eu pode começar a mover-se *no espaço* da imagem.

Se você não começa a imaginação ativa nesse estado de consciência, você se arrisca a criar histórias que produzem um senso de irrealidade. Na imaginação ativa não se experimenta a sensação de irrealidade; é como se a pessoa vivesse simultaneamente duas realidades, igualmente verdadeiras: o mundo imaginado ativamente *e* aquele em que a pessoa sabe que está na imaginação ativa. Por contraste, é como se, durante o sonho, vivesse numa realidade, o mundo dos sonhos. Desse modo, a imaginação ativa é um estado mental diferente, seja do estado mental da criação de uma história seja do estado da experiência imediata do sonho.

O trabalho sobre o sonho da enfermeira mostra a transição da memória do sonho para a imaginação ativa e como o próprio mundo dos sonhos cria novas imagens, espontaneamente.

5

Uma série de sonhos

Depois de apresentar alguns sonhos separados, apresentarei uma série de dezoito, pertencentes a um período de seis meses.

Os sonhos costumeiramente se reúnem ao redor de temas específicos, que começam a manifestar-se no tempo. Suas imagens passam através de um processo contínuo de transformação, às vezes comum a uma série de imagens que se apresentam como sonhos. Estudando uma série de sonhos compreendemos como as imagens oníricas estão em contínuo estado de desenvolvimento. Como qualquer organismo vivo, elas nascem e morrem.

A série seguinte é excepcional. Em geral não considero boa idéia apresentar sonhos extraordinários, a fim de demonstrar os processos da psicologia do inconsciente. Tais exemplos dão azo a falsas expectativas e sucessivamente geram frustração e desencorajamento, pois os sonhos que se manifestam com clareza exemplar são muito raros. Em geral, à primeira vista os sonhos são completamente impenetráveis.

Na série que segue são claramente representadas a criação e a dissolução no mundo dos sonhos. É como se, ao mesmo tempo que se tem o desenvolvimento de um processo criativo, se reforçasse o impulso destrutivo. Por causa desse tema, abandonei o meu hábito de não apresentar material excepcionalmente acessível.

Não darei muitas informações pessoais sobre a sonhadora. Ginger é artista, já com idade, que me procurou por causa de uma depressão ligada ao fato de que ultimamente se sentia distante da sua arte. Tinha a sensação de que algo de diferente deveria lhe acontecer antes da sua morte. Combatia a depressão com uma atividade frenética que a exauria.

Após ter trabalhado com ela durante dois meses sobre os seus sonhos, apareceu-me claro um tema bastante recorrente: o barro. Comecei a seguir esse tema, sem evidenciá-lo muito durante a análise. Depois da metade de janeiro, eu lhe disse mais vezes: "O que você pensa disso? Há novamente barro", mas não insisti, pois não sabia por que a imagem continuava a se apresentar. Em relação ao sonho de 8 de fevereiro, pareceu-me claro que a imagem do barro estava atravessando uma fase de desenvolvimento.

Sonho 1 — 2 de outubro

Estou guiando numa estrada estreita e solitária. Longo percurso entre apertados muros de pedra, com três metros de altura, que foram feitos explodir. Depois há uma abertura e muitíssimos homens e cavalos que trabalham, alguns enormes troncos de árvore jazem no terreno e a estrada não é mais transitável com automóvel... Volto para trás ao longo da estrada, a pé; encontro-me dentro de bosques barrentos... estou com muito medo.

Sonho 2 — 4 de outubro

Estou guiando numa estrada muito íngreme e suja... bastante inquietante... Cheguei a um ponto muito íngreme e barrento. Descemos sem problemas...

Sonho 3 — 10 de outubro

Enquanto guiávamos na descida... ultrapassamos dois homens com chapéus pretos redondos, num automóvel preto descoberto. O motor havia morrido... Mais embaixo ultrapassamos a casa onde havia a festa... Os aposentos estavam cheios de gente vestida de preto. Cheguei ao apartamento. Havia trabalhos em curso. Quatro ou mais homens o estavam pondo em ordem.

Sonho 4 — 9 de dezembro

... Eu guiava o automóvel através dessa paisagem selvagem; estradas sempre mais estreitas, depois apenas um caminho barrento... Eu tinha me perdido — indicaram-me o caminho para uma colina barrenta, mas ele não levava a nenhum lugar. Eu estava a pé, contente de poder voltar atrás.

Sonho 5 — 27 de dezembro

... Havia uma enorme quantidade de barro, ou de argila, vermelho claro e viscoso — estava espalhado ao redor da entrada posterior; eu tinha embarreado os sapatos e o barro não saía. Sobre a porta posterior havia um buraco redondo aberto. Eu estava procurando enchê-lo com o barro, que escorregava por todo lugar, mas finalmente o enchia. Dentro, as coisas estavam incompletas e reinava uma semi-obscuridade... Mais tarde nos deslocamos para a fachada. Havia travessas de grossas traves, mas entre elas havia barro. Eu estava em pé sobre uma das traves...

Sonho 6 — 6 de janeiro

... O esterco era usado da melhor forma...

Sonho 7 — 6 de janeiro

... Os pedreiros não tinham ainda terminado a construção... Eu devia fazer uma pequena construção em cima do muro. Era uma espécie de tapume... era tão

estreito que ficava muito difícil entrar e sair... Eu caminhava em cima de um muro de pedra irregular...

Sonho 8 — 10 de janeiro

... Havia um monte de grandes pedras, que tinham sido escavadas durante a construção do terraço posterior e amontoadas sobre um lado. Havia muita excitação por causa de todas essas mudanças...

Sonho 9 — 19 de janeiro

Estávamos num automóvel descoberto. Tínhamos projetado um portão...

Sonho 10 — 29 de janeiro

Parecia a entrada do metrô. Devia ser projetada a entrada e os lados...

Sonho 11 — 8 de fevereiro

... Encontrou esse recipiente verde... uma espécie de chaleira sem o bico — paredes bastante grossas, com marcas de argila avermelhada sobre as bordas. Mas onde era o topo... Ouvimos que voltavam os dois homens de aspecto mafioso, que estavam procurando a tampa do recipiente. Era uma peça chinesa de enorme valor. Estavam se aproximando rapidamente em nossa direção. Conseguiríamos abrir em tempo a porta vermelha antes de sermos presos?... (O sonho tem dois finais: sim e não.)

Sonho 12 — 13 de fevereiro

... Finalmente construí dois pequenos guarda-roupas com portinholas e uma prateleira interna recoberta de chapinhas de cerâmica. Usei as chapinhas do mostruário. Usei também velhas chapinhas... perto dos dois pequenos guarda-roupas coloco um espelho muito longo.

Sonho 13 — 13 de fevereiro

... Uma caixa barrenta. Os estudantes estavam tra-

balhando sobre uma grande peça. Deviam trabalhar em pé sobre a borda de madeira da caixa para não cair no barro. Um já estava trabalhando. Chegou um outro... Andamos na direção da caixa e enfiamos os pés diretamente no barro... Eu disse ao estudante que ficasse em pé sobre a borda. Eu olhava para o alto, dentro de um túnel com duas pistas — a peça de cerâmica estava se destacando e já podíamos vê-la.

Sonho 14 — 25 de fevereiro

Tratava-se de construir alguma coisa sobre o ângulo do tapume em direção à calçada para fechar a abertura. Tentamos com papelão. Não era suficientemente alto e não ficava bem quando chovia. Depois, certa manhã vi que os carpinteiros haviam construído um belíssimo tapume com madeira nova; mais alto que uma pessoa e com tábuas fortes... muito, muito caro.

Sonho 15 — 10 de março

Tratava-se de dispor os elementos do pentágono ou octógono para a apresentação... um esboço dos diferentes aspectos da minha personalidade. Havia octógonos grandes e pequenos, todos com a mesma estrutura em cerâmica. Pareciam chineses. Com um desenho geométrico em relevo. A parte em relevo era mais irregular — a reentrância era mais polida. A coisa era muito bela e clássica, à chinesa —eterna como só o chinês pode ser.

Sonho 16 — 13 de março

Minha tia trajava um vestido feito de material preto de malha. Estava muito gasto e onde o tecido estava mais fino entrevia-se a sua pele branca. Eu queria esconder aqueles pontos com verniz preto e comecei a fazê-lo. "Santo céu!", disse eu, "temo ter colocado verniz preto sobre o braço...". "Já aconteceu", disse ela, e continuou: "Eu não sabia como era difícil guiar um automóvel".

Sonho 17 — 26 de março

Uma casa em construção. Há um poço onde ficará a adega. Um homem sinistro me atira no poço escuro.

Sonho no outono — setembro

Olho uma cenoura crescer. Vermelho-laranja. Na extremidade da cenoura despontam novas, pequenas raízes. É impossível, mas é assim. E as novas, pequenas raízes vão mais em profundidade.

No início de uma análise freqüentemente aparece um sonho que é uma espécie de prelúdio aos temas que, entretecidos sinfonicamente, constituirão o material da própria análise. Isso não significa que tal sonho, chamado também de "sonho inicial", seja profético. Parece mais com a *ouverture* de um trecho musical em que todas as melodias já estão tecidas de forma breve. Os temas vão sendo desenvolvidos no decorrer da composição.

Um sonho inicial não é necessariamente um único sonho. Na parte inicial do processo analítico pode haver também um grupo de sonhos. Além disso, tal sonho não emerge exclusivamente no início da análise. Um sonho inicial pode preceder cada nova fase. Como um breve lampejo precursor da vida onírica que seguirá.

Ginger me apresentou o primeiro sonho na segunda sessão. Era o único sonho que teve entre a primeira sessão, em que nos conhecemos, e a segunda.

A série de sonhos que seguiram foi apresentada de modo fragmentário. Os textos, reportados pontualmente a partir das registrações escritas de Ginger, foram selecionados de um total de mais ou menos quarenta e cinco sonhos, que aconteceram entre outubro e fim de março. Os fragmentos foram escolhidos em base à relação interior deles com os temas anunciados pelo sonho inicial.

Uma imagem do sonho inicial era particularmente pessoal e dolorosa e portanto não pode ser estudada publicamente. O resto do sonho está completo.

São estes os diversos temas presentes:

– guiar o automóvel
– solitária
– estreita
– pedra
– muros, lado
– alto, para baixo
– explodir, mandar para os ares
– espaço aberto onde homens estão construindo
– cavalos
– troncos de árvore
– estrada impraticável de automóvel; a pé
– barro
– floresta.

Os sentimentos centrais são medo e solidão.

Como eu já disse, a primeira imagem que me chamou a atenção, especialmente depois do quinto sonho, foi a do barro.

No sonho 5 Ginger escreveu *barro vermelho ou argila.* Isso me deu a impressão de que algo estava acontecendo no barro. A argila, em particular, deixa-se manipular bem. O primeiro uso desse barro/argila é o de encher os buracos nos muros (sonho 5). Isso é muito importante, dado que os muros foram mandados para o ar (sonho 1). Há uma construção estruturada em curso (entre as travessas, sonho 5), na qual troncos de madeira (sonho 1), em forma de traves, contêm o processo de formação. As traves dão uma forma a esse processo e retêm o barro (sonho 5: "Havia travessas de grossas traves, mas *entre elas* havia barro").

O sonho 11 fala de novo da argila vermelha. Agora, porém, *a argila vermelha foi transformada num recipiente de terracota* — um continente cuja abertura deve ser fechada com uma tampa. Fabricar terracota é um ato cultural, que transforma qualitativamente a argila. A *terra* natural e a *habilidade* artificial são inter-relacionadas. Desse momento em diante fiquei atento à imagem do recipiente, para ver o que aconteceria com ele. Antes que eu dissesse qualquer coisa a Ginger em relação ao recipiente, o objeto de cerâmica emergiu da obscuridade no fim do sonho 13.

O automóvel, mecanismo de movimento através desse mundo onírico, não está mais sobre (ou não é mais adaptado a) a estrada a ser percorrida. Aconteceu uma transferência. O movimento agora está ligado aos pés. Há uma passagem do transporte com um motor externo para o transporte com os próprios meios. Torna-se mais claro no sonho 3, no qual o motor morre e é acompanhado por uma espécie de procissão fúnebre.

Também é indicado qual tipo de automóvel será acompanhado ao túmulo: o automóvel preto descoberto; um veículo que não é fechado. No sonho inicial trabalha-se ao redor (ou sobre) uma abertura, a abertura na floresta. O primeiro uso do barro/argila era o de fechar a abertura sobre a porta posterior.

O sonho 11 se refere à busca da tampa para fechar a abertura do recipiente. Também o sonho 14 trata do fechamento de uma abertura. Penso que o seu significado seja ligável aos muros de pedra, mandados para o ar de modo tal a não poder mais conter a estrada.

Há um restringimento (sonho 1). No sonho 4 a estrada se restringe, até se tornar um caminho. Ginger é conduzida para o estreitamento; é opressivamente apertada, ao ponto que deve prosseguir a pé. O barro aumenta de tal forma que, no sonho 5, barro e sapatos não podem ser separados. É um ponto de vista sujo. As coisas não procedem mais expeditamente. É como se a velha estrutura tivesse sido mandada para os ares e uma nova (infra)estrutura devesse ainda ser construída.

O fechamento final da nova estrutura é muito importante. Não apenas a terracota do sonho 11 é muito preciosa e de qualidade chinesa (um valor eterno, segundo o sonho 15), mas também marca o início do sobrevir de forças destrutivas do além-túmulo. Este é o movimento oposto à força construtiva, que procura fechar a abertura.

O caminho estreito leva para o baixo. Declínio. Descida fatigosa. "Volto para trás ao longo da estrada, a pé; encontro-me dentro de bosques barrentos" (sonho 1); "numa estrada muito íngreme e suja" (sonho 2); "Enquanto guiávamos na descida... mais embaixo" (sonho 3).

Também é indicada a imagem contraditória (sonho 4): "Indicaram-me o caminho para uma colina barrenta, mas ele não levava a nenhum lugar".

A estrada para o alto não leva a nenhum lugar.

A estrada em descida, através de um portão, leva para o mundo subterrâneo: "Tínhamos projetado um portão" (sonho 9); "parecia a entrada do metrô. A entrada..." (sonho 10).

O processo que passa da porta posterior (sonho 5) vai para o subterrâneo. Há uma escavação em curso, atrás: "que tinham sido escavadas... posterior" (sonho 8).

Durante a construção aparecem pedras. Os muros de pedra tinham sido mandados pelos ares (sonho 1). O processo de construção passa por trás. Passa para a frente (sonho 5) e constrói um portão para as profundidades. Um mundo subterrâneo feito de homens com aspecto mafioso contrasta com aquilo em que a terra se torna terracota (sonhos 11 e 13).

Aconteceu também que a imagem dos *troncos de árvore* se transformasse gradualmente: "travessas de grossas traves, mas entre elas havia barro" (sonho 5).

As grossas traves são troncos de árvore, que foram trabalhados rusticamente. "Um... tapume" (sonho 7): a madeira é usada para um recinto. A habilidade transforma as árvores naturais em algo manufaturado.

"Sobre o ângulo do tapume... para fechar a abertura... os carpinteiros haviam construído um belíssimo tapume com madeira nova" (sonho 14). O recinto devia ser fechado. É usada madeira nova. A madeira nova é tomada de troncos de árvore recentemente trabalhados.

"... Uma grande peça... deviam trabalhar em pé sobre a borda de madeira da caixa..." (sonho 13). A madeira constitui a caixa dentro da qual pode ser realizado o trabalho. Pode conter o barro. É uma nova estrutura continente.

"Construí dois pequenos guarda-roupas com portinholas" (sonho 12). Algo pode ser recolocado nos pequenos guarda-roupas de madeira. Um guarda-roupa com portinholas pode ser fechado. No sonho o guarda-roupa tem chapinhas de cerâmica. Aqui o desenvolvimento da madeira e do barro se reconjugam. Emerge uma nova estrutura de referência: "perto dos dois pequenos guarda-roupas coloco um espelho muito longo" (sonho 12). Uma vez acontecida a transformação da madeira e do barro em dois pequenos guarda-roupas fecháveis, com chapinhas de cerâmica, aparece um espelho. Aqui se encontram a imagem de continência e a imagem de espelhamento: olhar-se, reflexão.

"Um túnel escuro com duas pistas... peça de cerâmica..." (sonho 13). O percurso na escuridão acontece sobre duas pistas. Dois movimentos em direções opostas, que podem acontecer contemporaneamente, exatamente como dois pequenos guarda-roupas que podem guardar conteúdos diversos. De um dos movimentos vem a cerâmica. Qual é o outro movimento? Talvez esteja ligado à força destrutiva, que já se manifestara em relação à busca da tampa para o recipiente de argila vermelha (sonho 11).

Um movimento construtivo, como o anunciado no sonho inicial, tem um contramovimento destrutivo. Isso torna-se particularmente claro no contraste entre o sonho 15 e os sonhos 16 e 17.

No sonho 15 a força centrípeta atinge o ponto máximo. A força centrípeta, concentrante, que está ligada à terracota ("com a mesma estrutura em cerâmica"), é uma manifestação da capacidade de *reordenar* da personalidade.Todos os aspectos da personalidade se reagrupam ao redor de um ponto intermediário, criando uma imagem de notável beleza e eternidade. Logo depois, no sonho 16, surge a senhora anciã, cuja pele diáfana aparece através do vestido gasto, feito de material preto — a decadência da matéria. A eternidade espiritual está em contraste com a decadência material (sonhos 15 e 16).

"Eu não sabia como era difícil guiar um automóvel" (sonho 16). É difícil mover-se entre essas duas forças.

No sonho 17 apresenta-se o momento de máxima obscuridade: "Um homem sinistro me atira no poço escuro".

Depois do sonho 17 Ginger entra num longo período de depressão, com pobreza de material onírico. Nenhum dos temas tratados anteriormente aflora nos fragmentos que lembra. O desespero, ligado ao fato de que não criará mais uma obra de arte, alterna-se com o sentimento de ter errado tudo na vida. Reemergem profundos sentimentos de culpa. Depois ela cai e quebra uma perna, privando-se da liberdade de movimento por longo período de tempo. Um mês depois do acidente chega o sonho da cenoura vermelho-laranja. É a imagem de uma grande cenoura central, da qual crescem muitas novas raízes, que atingem profundidade maior em relação à primeira.

Um aprofundamento e uma diferenciação aconteceram na raiz do seu ser.

Segue depois um período de grande atividade, durante o qual cria muitas obras de arte. A primeira... uma interpretação da grande cenoura vermelho-laranja, que faz brotar raízes. Depois segue uma série de representações de dimensões reais, sobre o tema do espelho. Começou um processo reflexivo.

Através dessa série de sonhos manifesta-se a alternância de tendências conflitivas: o processo criativo, no qual se apresenta uma nova estrutura mental, em oposição ao processo destrutivo, com imagens de decadência, de anulação e de figuras sinistras. É como se a tendência destrutiva tivesse atingido o seu ápice no momento em que a sonhadora feriu literalmente o seu corpo. A perna quebrada parece ser uma metáfora perfeita, demonstrando como todo o movimento de desenvolvimento pode ficar completamente bloqueado num momento de literal destruição. Já encontrei numerosas séries de sonhos em que os processos construtivo e destrutivo aparecem entrecruzados. É como se um desenvolvimento criativo andasse contemporaneamente com um processo destrutivo e de decadência. A renovação é, ao mesmo tempo, a morte do velho.

6

Alquimia como exercício

O fundamento da nossa tradição psicanalítica é *A interpretação dos sonhos,* de Sigmund Freud. Nesse livro Freud analisa alguns de seus sonhos. O central, geralmente chamado de "o sonho da injeção em Irma", foi o primeiro a ser submetido a uma análise aprofundada, e constitui a base da sua teoria sobre os sonhos.

No sonho uma paciente de Freud, Irma, está seriamente doente. Os doutores determinam que a sua doença será curada por meio de *um ataque de disenteria que eliminará o veneno.* Eis que a nossa tradição de análise dos sonhos começa então com uma suja pasta.

Quando Jung desceu pela primeira vez numa profundidade escura, apoiou os pés sobre uma massa mole e viscosa (veja o capítulo 4).

Stella cai do céu num mundo de escórias em ruínas, de sujeira pelas ruas.

O rígido professor branco encontra aquele que o liberta num decadente bairro negro.

Ginger começa o seu percurso entre os muros destruídos, num caminho barrento em descida, sujando os sapatos. O sonho 6 diz que o esterco foi usado da melhor forma.

Um mundo subterrâneo escuro, freqüentemente repugnante, é em geral o panorama de um incipiente processo de putrefação, necessário para fazer com que de um processo de estagnação se chegue ao estado de dissolução. Um período de mau cheiro, desintegração, repugnância e depressão é freqüentemente necessário para fazer o nosso primeiro conhecimento com a vida, que se desenvolve sobre o panorama do estado que definimos como "consciência". Por isso não espanta o fato de que procuramos tornar acessível esse mundo esquálido graças ao uso de palavras assépticas como "o inconsciente". Essa terminologia trai o profundo desejo, do mundo visível, de não ter nada a fazer com o mundo submerso.

Ginger entra no mundo submerso através da porta posterior. Também Freud descobriu o poder curativo desse mundo através da parte posterior da sua paciente, a sua doença.

No fundo da alma um processo curativo acontece freqüentemente por meio da dissolução dos elementos que até aquele momento apareceram em primeiro plano, como estruturas fixas da vida da alma. Por essa mesma razão tal processo de mudança nos faz sentir como se nos faltasse o chão debaixo dos pés. Os elementos que dominaram a vida da alma até o momento se dissolvem, dando lugar a novos desenvolvimentos. Esse processo de decadência produz medo; algo morre. A transição e a morte estão em primeiro plano.

Se tal processo acontece sem nenhuma preparação, o medo da destruição da velha consciência pode se tornar tão grande que o desenvolvimento fica bloqueado. Eis por que o processo de Ginger começa com a construção de um recipiente, que simboliza a capacidade de conter a mudança que está acontecendo em seu ânimo.

Durante a análise, na qual duas pessoas estão envolvidas no material onírico, cria-se um certo grau de intimidade e confiança, uma relação amorosa que, às vezes, é chamada de transferência/contratransferência. Na análise, todas as formas de amor (inclusive o ódio) que o sonhador conheceu ou imaginou podem emergir. O sonhador e o seu auxiliar trabalham juntos, e a relação entre os dois deve ser tal de modo a conter o material que emerge da escuridão. A relação pode ser mais ou menos forte. Há uma ligação entre a pressão atmosférica que pode ser colocada na relação, sem que esta venha abaixo, e a sua profundidade. Uma relação que pode suportar uma grande pressão, que pode conter muitas situações explosivas sem se estilhaçar. A pressão erótica que pervade uma interação, na qual podem ser atingidos todos os níveis de intimidade, pode se tornar muito forte.

Descrevemos os processos psíquicos com metáforas alquímicas. Falamos de excrementos sujos, escuridão, profundidade, negrume, barro/terra, esterco, putrefação, mau cheiro, dissolução, decadência, morrer e morte, de continente (o recipiente hermético) e de todas as formas fantasticamente belas e limpas, de todos os tipos de amor e fogo sujos e anormais.

Essas imagens são proeminentes no mundo imaginário da alquimia. Os psicanalistas ficaram espantados com as relações existentes entre as imagens oníricas e as imagens alquímicas. Seguindo o trabalho de Herbert Silberer, C. G. Jung começou a estudar a alquimia para compreender o mundo das imagens dos sonhos. Além de ter sido a forma arcaica da química, a alquimia compreendia também o estudo dos processos de imaginação, que aconteciam em relação à tarefa impossível de transformar os metais vis em metais preciosos. Esse objetivo inatingível de refinar a matéria através da técnica, com a concentração e o auxílio de Deus, despertou as paixões de muitos durante a Idade Média.

Nos mil e quinhentos anos em que a alquimia foi praticada, ela acabou se tornando extremamente elaborada. Darei como exemplo uma descrição dos três mundos de imagens descritos, vez por outra, na alquimia: o mundo negro, o mundo branco e o mundo vermelho. A razão pela qual me concentro sobre esses três mundos é que através deles é apresentada uma visão do mundo diferente das categorias dualísticas conhecidas, como o masculino e o feminino (descritas na alquimia como rei e rainha).

O mundo negro das imagens é chamado de *nigredo*. O seu metal é o chumbo.

As condições atmosféricas que aí reinam são: escuras, misteriosas, horripilantes, amedrontadas, pútridas, depressivas e melancólicas. Esse momento de profundidade põe em contato com o mundo subterrâneo, inferior. É um momento de degradação e desfalecimento.

Segundo a alquimia, a nigredo é a fase inicial de *qualquer* processo em que acontece uma transformação. Primeiro as coisas devem apodrecer como a imundície, para poderem ser decompostas em partes separadas, em que o poder criativo tem novamente jogo livre. O alquimista diz que, no início, toda coisa é amarga e pútrida. Os processos iniciais levam à putrefação, ou começam a partir da podridão.

Nesse estado de nigredo, tem-se a impressão de que o mundo cai em pedaços e, sobretudo, que esse estado nunca mais vai acabar. O futuro é obscuro e confuso. Parece que o sentimento de vazio e de isolamento deva durar para sempre. O fluxo da vida, no meio dessa putrefação, é lento. A consciência é enxugada de toda energia. Nesse poço sem fundo encontra-se a morte, morte como única realidade.

O mundo branco é chamado *albedo*. O seu metal é a prata.

O corpo celeste da noite escura é a lua. A albedo é uma consciência lunar, um lampejo de luz na escuridão, a fria e reflexa luz do olho da noite. Não é um mundo nitidamente circunscrito, com formas claras, mas uma consciência da imaginação e da adaptação à escuridão. Mercúrio, o deus dos ladrões da noite, que acompanha as almas no além-túmulo, está aqui em sua casa, como brisa noturna com a lua cheia. Pensamentos loucos, alusões ambíguas. Mercúrio sente-se à vontade na albedo e inspira constantemente a imaginação com os seus truques ambíguos. Henry Corbin mostra como o mundo da imaginação é o das imagens no espelho, sem o espelho; uma reflexão.[1]

Uma possível ligação entre os mundos da nigredo e da albedo é descrita por Jung: "A situação é agora gradualmente iluminada, assim como a noite escura é iluminada pela lua nascente... Essa luz nascente corresponde à albedo, a luz lunar...".[2] Refletindo-se numa consciência nascente de esvoaçantes falenas noturnas, tudo aquilo que era tomado literalmente agora se torna metáfora. É um mundo de poetas, ladrões, loucos e de linguagens figurativas; um reino intermediário entre a brilhante e clara luz diurna e a noite profunda; um mundo intermédio, onde uma coisa pode também ser outra.

Uma existência dúbia e ambígua na qual você é arrastado de uma dúvida para outra.

O mundo vermelho é chamado *rubedo*. O seu metal é o ouro, o fogo coagulado do sol.

O calor da luz solar, fonte central da vida, gerador de todas as forças, assumiu forma sólida. O ouro, para o alquimista, é a semente do sol, enquanto a prata é a semente da lua. No mundo do sol as paixões conflituais acendem o entusiasmo através de contínuas fricções. O sol desenvolve todas as formas que jazem escondidas no ventre da terra.

1. Cf. Henry Corbin, "*Mundus Imaginalis,* or the Imaginary and the Imaginal", *Spring 1972,* Spring Publications, Dallas, 1972, p. 9.
2. C. G. Jung, "Mysterium coniunctionis", *CW* 14i.

Sob o sol cada coisa torna-se clara e distinta. O sol reina sobre a ordem e sobre a clara percepção. O mundo da rubedo é também o da ligação entre o masculino e o feminino. Todas as formas de relação entre os dois sexos encontram aqui a sua expressão; é o mundo da libido (lembra a cenoura vermelho-laranja do sonho de Ginger). É um mundo de conflito e choque, de fusão e união.

Segundo Jung, "os alquimistas definem assim a rubedo, na qual a união entre o homem vermelho e a mulher branca, sol e lua, foi consumada. Embora os opostos fujam um do outro, eles se esforçam para atingir o equilíbrio, dado que um estado de conflito é demasiado hostil à vida para ser suportado indefinidamente. Fazem isso desgastando-se mutuamente; um devora o outro, como os dois dragões ou as outras feras vorazes do simbolismo alquímico".[3] (Veja o meu sonho com Angie.)

O dominador da albedo é o poderoso leão, que subjuga tudo (a sua sombra é visível no buldogue sedento de poder no sonho de Angie). A rubedo chama à ação: decisiva, obstinada, atenta e disciplinada. Ela evoca um mundo heróico de façanhas manifestas e belicosas. Enquanto na nigredo se atinge o ponto mais baixo, na rubedo o sol atinge o ápice. O calor aumenta e, no ponto de fusão, os elementos de conflito fundem-se numa nova liga, num gênero novo; é a fusão dos núcleos dissemelhantes. Considerando que o calor nesse ponto é um aspecto primário do processo, a pressão e a tensão às quais é submetido o recipiente em que se realiza tal processo são grandes. Torna-se uma espécie de panela de pressão. O perigo é que o recipiente exploda, por não poder suportar a pressão. Isso seria grave, porque tudo deveria ser recomeçado desde o início. Um processo que se arrebenta em mil pedaços volta para a nigredo. Por exemplo, isso pode acontecer quando o amor inflama e provoca ações apai-

3. *Ibid.*

xonadas, que a relação existente (o recipiente no qual o amor se encontra em fusão) não pode agüentar, razão pela qual voa pelos ares. Um dos modos de deixar escapar o vapor da panela de pressão é o *acting out,* “pôr para fora”. O mundo noturno das imagens e o diurno estão confundidos entre si, chegando ao ponto em que a ação é baseada na projeção das imagens internas sobre o mundo externo. Desse modo as imagens internas podem se resfriar, mas o dano sobre o mundo externo pode ser grave. Por exemplo, se eu rejeito a minha raiva, posso projetá-la sobre você. Ajo atacando-o de modo maligno, porque me parece que você esteja furioso comigo, ao invés do contrário. Isso pode resfriar a minha raiva, mas também pode destruir você.

A dificuldade do êxito da rubedo está no colocar e no manter juntas as experiências daquilo que percebemos como mundo interno e externo. Trata-se de uma ação que restitui o que é devido às tendências do mundo imaginário e, ao mesmo tempo, colhe as imagens do assim chamado mundo externo, reagindo a elas. Vive-se então num mundo de inspirações em que a nítida distinção entre interno e externo, contemplação e ação, encontra-se diminuída. A imaginação ativa e a ação imaginativa se fundem.

Exercício 10
A exploração dos três mundos das imagens

Nas seguintes seções sugiro palavras e frases associadas ao mundo negro, branco e vermelho. As palavras são derivadas dos sonhos e das imagens alquímicas. O exercício consiste em buscar e trazer à mente uma imagem para cada palavra.

As próprias palavras são evocações de cada um dos três mundos. Isso *não* significa que a imagem descritiva de uma palavra seja um *símbolo* para um dos mundos. A palavra *escuridão* não significa nigredo; ao contrário, a escuridão pode evocar uma qualidade do mundo da nigredo.

Use as seguintes palavras para evocar imagens.

Exemplo: duas palavras da nigredo são *desolação* e *deserto*.

Imagine estar no deserto, completamente sozinho. Você está aí, não porque queira, mas porque é o único sobrevivente de um naufrágio que terminou nesse deserto. Não há sinal de gente, animais ou água. Imagine-se nessa situação.

O desfalecimento corresponde provavelmente a estados de ânimo familiares de sua própria vida. São estados de ânimo da nigredo. Repita esse exercício com cada palavra que, de algum modo, o atinge.

Exemplo: para a albedo usam-se palavras como *rã, patinação, gelo*. Imagine estar patinando sobre uma superfície gelada, lisa como espelho. Sinta de que forma você se mantém em equilíbrio e o quanto o gelo é escorregadio. Olhe a superfície escorregadia debaixo de você e o reflexo da sua imagem. Ao seu redor faz frio. Sobre os campos há neve, branca. Ali senta-se uma rã, talvez um pouco transida nessa paisagem fria. A rã entra na água através de um buraco no gelo. Ela se sente à vontade tanto na terra como na água. Sinta a diferença entre o terreno sólido e a água corrente. Sólido e fluido. A rã vive em ambos os estados. Agora tome nota do seu estado de ânimo: reflexivo, procurando manter o precário equilíbrio sobre o gelo escorregadio; sólido e fluido ao mesmo tempo, sangue frio. Compare esse estado de ânimo com certos momentos de sua vida.

A nigredo

No estágio inicial do processo alquímico a matéria atravessa uma fase escura; a escuridão do desespero.

Nesse reino não há luz, nenhuma possibilidade de espelhar-se. O metal é o chumbo, o coração pesa, e no estado mais baixo da nigredo não há imagens. Escuridão profunda. Este é o panorama para as imagens que se apresentam no início do processo de desagregação. Um estado de decomposição que encerra sentimentos depressivos e melancólicos.

Na alquimia e nos sonhos a nigredo exprime-se através das seguintes imagens: água malcheirosa que brota de baixo, mau cheiro de túmulos; queda de cabeça nas profundidades; afogamento num poço; movimentos pesados e irreversíveis para baixo; humilhações, edifícios decrépitos, ruínas e montes de escombros queimados; montes de esterco e excrementos, ossos corroídos e esqueletos, conseqüências da guerra, clima de desespero, sexta-feira santa, o momento mais tétrico da noite da crucifixão. Desolação e deserto, paisagens petrificadas e sem vida; instrumentos de tortura; morte de pessoas amadas, de anciãos, de parentes. O roubo de grandes somas de dinheiro; animais feridos, amputações. Caos, confusão, insetos parasitas que se contorcem. Por causa disso tudo, a nigredo representa um estado de *massa confusa*. Divórcio, perda do trabalho, doença. Os animais ligados a esse mundo são sobretudo escuros e sinistros: corvos, gralhas, cães misteriosos e gatos pretos (com caráter enfeitiçado), serpentes venenosas, ratos, morcegos, tubarões, polvos, medusas e sanguessugas. Nas imagens da tecnologia: submarinos, bombas, aspirador de pó (que aspira a energia), algemas, moto-serras para cortar árvores, britadeiras, máquinas de costura, goteiras, carros fúnebres e outros veículos. Entre as personagens humanas: nazistas e outros inimigos sinistros, carcereiros, grupos racistas cheios de ódio, estupradores, perseguidores e charlatães.

Nesse mundo ínfimo aparecem freqüentemente figuras cínicas e sarcásticas, são feitos comentários derisórios, e a visão é obscurecida. Sadomasoquismo e pornografia repugnante. Aquarelas sombrias e desenhos a nanquim. Na nigredo o processo se libertou da coagulação em que ficara longamente represado. Na alquimia acontece a mortificação, a morte do velho rei, do avô. As formas sobreviventes, que nos governaram por muito tempo, se dissolvem, abrindo espaço para uma solução, e o material psíquico bloqueado pode se decompor em todos os seus elementos. O velho cenário não funciona mais.

A função da nigredo é a de escurecer todas as luzes, de modo que o olho se habitue ao mundo escuro. Todos os complexos, que até então estavam sob o controle da consciência central, se despedaçam. Nesse ponto às vezes aparece a imagem de um céu estrelado sem pontos de referência fixos.

A consciência perde a sua posição no mundo e as imagens inconscientes irrompem.

A albedo

Quando o olho se habituou à escuridão, quando se sofreu o escuro da noite, então desponta a luz branca da lua, que é luz reflexa e cria um mundo de imaginação que vive no escuro. O metal é a prata. É um mundo de ecos, sons e vozes, vozes amigas, mas também de convicções e instruções loucas.

Superfícies de água que refletem, espelhos, lavanderia, máquinas de lavar e todos os tipos de artigos para limpeza, sabão (a albedo é freqüentemente chamada também de *ablutio,* lavagem, o alvejamento depois da nigredo). As poesias, as cartas, e tudo o que se refere à linguagem irracional, pertencem à atmosfera da albedo. Luzes de neon (luz fria), gelo e paisagens nevadas. Andar à deriva, cair para trás, caminhar para trás, caranguejos. Voyeurismo e erotismo fantástico. Copos, bacias, continentes nos quais se pode colocar alguma coisa. Vadiar, sonhar de olhos abertos, drogas que alteram a consciência (não estimulantes como o café). Travestis, transexuais, mudanças de sexo. A gravidez, incubação e ovos. Pérolas, cristais, um objeto de vidro. Rostos, corpos e plantas pálidos. Convalescenças e doenças durante a cura.

Estados de ânimo pensativos, cheios de fantasia, sem emoções fortes, calma. A esse mundo pertencem os pássaros noturnos e as falenas, as corujas e as borboletas. Pássaros que voam ao rés-do-chão e todos os tipos de animais brancos, como os ratos, as ovelhas e os ursos polares. Animais que rondam de noite, como as raposas e as doninhas. Anfíbios como rãs e salamandras. Serpentes que mudam de pele e outras criaturas que mudam. Seres que se transformam. Em termos tecnológicos: patins, tudo o que se refere aos meios de comunicação, rádio, televisão, cinema, artes gráficas. Veículos de equilíbrio instável (como a bicicleta). Frigoríficos, congeladores, prataria, instrumentos médicos, torneiras, canos d'água. Além disso, associam-se com a albedo os inválidos, que têm necessidade de ajuda, e as pessoas que têm ocupações assistenciais como as enfermeiras, loucos que não se encontram em estado de pânico psicótico, psicopatas, estetas, pessoas pálidas e vãs, artistas e palhaços. A arte da aquarela. Sal, amargura e desilusão.

Tudo é mutável. É um mundo de ciganos, nômades e adivinhos. O estado de ânimo é introvertido. Não existe nenhuma consciência central, cerebral e de comando que se imponha obstinadamente. Há, ao contrário, um comportamento que tolera o estado de desagregação e se encontra à vontade na dissociação. Na albedo uma consciência reflexiva e heterogênea volta ao mundo da escuridão.

O branco da albedo deve ser distinguido do branco virginal, do branco do leite e do sorvete que simboliza a pureza incontaminada. Este é um branco pré-nigredo, uma cremosa cumplicidade, que existe antes da dúvida. Freqüentemente a nigredo se manifesta como um furto ou estupro, que viola e azeda o cremoso e róseo estado inicial. O branco da albedo vem depois do tormento da nigredo.

A rubedo

A primeira luz, a alvorada. O nascer do sol. Ouro e dourado. O ouropel e a coisa de valor. Neste ponto entra a faculdade de valoração, que atribui valor, significado, estruturas hierárquicas e vê as coisas como nítidas oposições. Esta é a força orientada para o exterior da vontade central. Tal consciência, que procura e cria valores, estabelece o caminho da lei. A direita oposta à esquerda (que é ligada ao sinistro, ao escuro, ao irracional). Razão e medida. Normas e validez. Reavaliação e moeda. Crescimento, cultivo de plantações, abundância de verde. Verão e leão. Pontos elevados, cimos, altas montanhas (enquanto o mundo da albedo freqüentemente é colocado nos vales). Regulamentos, semáforos, ordens. Poder, sede de poder. Sobressair. Sangue, coragem, resistência. Pássaros que voam no alto. Pássaros predadores, que miram sua presa de longe. Olhos luminosos, visão aguçada. Telescópios, binóculos e microscópios. Foguetes, astronaves, contanto que sigam a sua rota (em oposição a satélites à deriva). Uniformes espaciais, tubos de oxigênio. Calculadoras, ábacos, limpa-vidros (para uma visão clara). Trampolins, superfícies elásticas, um elevador que sobe. Cientistas, navios negreiros, xeiques do petróleo. Fogo, motor de combustão interna, incinerador de lixo, reservatório, distribuidor de gasolina, fogão a gás. Risadas explosivas. Sul e leste (a nigredo está ligada ao oeste, pôr-do-sol e morte, a albedo ao fresco norte). Carne, principalmente a vermelha. Ditadores, tiranos. Vulcões, cachimbos e artigos para fumantes (não porém drogas que alterem a consciência). Café, açúcar, estimulantes, pílulas de vitaminas. Exercícios físicos, feitos por razão de saúde. Transporte veloz, escolas, instituições educativas. Soldados, cavalos, potência em cavalos-vapor. Estados de mania, pessoas muito altas, atletas. Facas, navalhas, objetos pontiagudos. Pênis, cenoura, rabanete vermelho. Beterraba, banana, frutas tropicais. Bebidas alcoólicas (contanto que não consumidas, em oposição à embriaguez de vinho na albedo), cosméticos (em oposição ao pó-de-arroz), pele, loção de bronzear, bronzeamento. Qualquer coisa que reflete a essência de outra. Cianografia, projetos de construção. Pintura a óleo. Centro (em oposição à periferia da albedo). Matrimônio, problemas conjugais. Relações (sexuais ou não). Este é o mundo da consciência guiada pelo sol, valorativa e ativa, extrovertida e inflamável. Através da inflamabilidade e da busca do poder pode-se desenvolver uma situação que leve à nigredo. Instinto, decadência, declínio do poder. Corrupção, putrefação.

Tal é a contínua reciclagem das imagens alquímicas. Esses exercícios alquímicos salientam um princípio central no mundo onírico: o treinamento da imaginação é uma disciplina tão importante quanto o treinamento da mente.

7

Maggie em San Francisco

Na minha prática, em geral nos baseamos sobre sonhos dos participantes, usados como material concreto para demonstrar graficamente o modo de trabalhar. Você é convidado aqui a seguir alguns desses exercícios.

O lugar é pequeno. As dezessete pessoas devem sentar-se apertadamente e o lugar exala um vago odor de tinta fresca. Sento-me num canto e tenho tempo para engolir um pequeno sanduíche, antes que o relógio me diga severamente que são sete e meia, hora de iniciar a minha aula sobre sonhos. Trabalhei o dia inteiro e sinto em mim um sentimento de aversão e repugnância, como sempre acontece quando trabalho com sonhos em público. Com efeito, nunca se sabe como vai acabar um trabalho com os sonhos: com a maior parte deles, tem-se a sensação de não poder fazer nada, e mesmo assim é preciso fazer algo.

Por sorte essas pessoas trabalham com os sonhos há anos. Todavia, esse grupo ainda não engrenou bem, pois encontramo-nos apenas duas vezes. Hoje será o terceiro encontro. As pessoas que se sentem mais livres apresentaram seus sonhos no início, oferecendo-me muito material. Mas agora não estou seguro e temo que ninguém queira falar. Ficarei bloqueado, sem nada sobre o que trabalhar. Percebo que *sempre* tenho medo de que não apareçam sonhos, embora isso nunca tenha acontecido.

Sou medroso. Para mim isso significa que estou me preparando para trabalhar com sonhos. De algum lugar, na minha profundidade, espero a cada vez que não apareçam sonhos, para poder voltar logo para casa.

Por sorte Maggie me ajuda. Tem um pequeno fragmento de sonho sobre o qual quer trabalhar. É uma mulher miúda e corajosa, veste uma grossa malha verde de lã. Tem cabelos curtos e escuros, e seu olho esperto capta depressa as situações. Enquanto sorri com a boca, os olhos permanecem um pouco tristes. Nós nos entendemos bem.

Primeiro peço que os participantes se concentrem e façam um inventário. Como estão os pés de vocês? As pernas? Uma pequena dor nos joelhos. Concentrem-se mais. O coração de vocês, o estômago, os braços, o pescoço. Qual o humor em que se encontram? Estão irritáveis? Estão pensando no cônjuge, com quem acabaram de brigar? Ou estão se sentindo muito bem? Sentem-se leves ou pesados? Podem respirar facilmente? Sentem o coração? Está batendo depressa, lentamente ou ritmadamente: como? A finalidade dessa introspecção é saber o que acontece dentro de vocês, pelo menos um pouco, para poder colher as mudanças enquanto ouvem um sonho. Cada sonho traz consigo uma certa atmosfera, assim como cada aposento em que vocês entram tem uma atmosfera particular. Um aposento cheio de fumaça, cheio de criminosos, tem uma atmosfera diferente de um aposento em que velhas senhoras se reúnem para o chá. Quando vocês entram numa casa, sentem imediatamente a sua atmosfera. De algum modo o humor de vocês muda. No caso dos criminosos vocês se amedrontam e ficam agitados, no caso do chá vocês se sentem enjoados ou vice-versa. Notemos a atmosfera do ambiente em termos de mudança de humor. Agora vocês sabem com que humor estão. Isso serve como ponto de partida.

No início peço para se concentrarem durante um ou dois minutos; isso leva a sintonizar o humor do aposento com o mundo interno, e a fazê-lo sentir mais intimamente. Depois peço para que contem um sonho duas vezes. Primeiro peço que Maggie nos conte o sonho no presente, não exatamente como uma história, e sim como uma recapitulação das imagens. Peço-lhe que se comporte como um guia turístico no seu mundo dos sonhos, e para ser o mais possível descritiva e precisa.

Maggie fecha os olhos e se concentra. A maior parte dos ouvintes senta-se com os olhos fechados, dando-lhe olhadas ocasionais. Meus olhos se fecham sozinhos. Maggie conta:

> *Estou visitando San Francisco com alguns parentes, que conheço apenas em sonho. Encontramo-nos numa praça. Estou a alguns metros deles, absorvida em fotografá-los. No pequeno grupo posso ver um rapazinho. O pai dele está ao seu lado. No momento não consigo ver bem os outros membros da família. Minha atenção está claramente centrada no menino. Tenho duas máquinas fotográficas a tiracolo. Em ambas restam-me poucos disparos. O filme está quase terminando e quero tirar algumas outras fotos da família. Ao fundo há um edifício de pedra rosa-cinzento, blocos de granito. Muito sólido. É evidente que para mim é muito importante tirar as fotos antes que o filme acabe. É o que lembro. Não é muito, mas é o que ficou impresso.*

Eu tinha pedido, no começo do encontro, que contassem sonhos curtos, porque os sonhos longos são muito mais difíceis de tratar, e por enquanto quero que se concentrem sobre imagens pessoais. Peço pelas primeiras reações do sonho. Um homem acha que Maggie não é muito aderente às imagens. Outra pessoa experimentou um sentimento de tristeza quando ouviu falar das "últimas fotos do filme", como se algo tivesse acabado. "Sim", diz uma mulher, "parece-me exatamente como quando a minha família me deixou. Os filhos fora de casa, o meu marido que havia partido. Lembraram-me aqueles últimos dias". É evidente que bom número dos ouvintes teve a sensação de algo que escorregasse tortuosamente para o fim. Faço notar que é importante permanecer vizinhos dessa sensação, enquanto se trabalha sobre a imagem, principalmente com a impressão prevalente de que Maggie não esteja em sintonia com a imagem do sonho. A atmosfera foi transferida para os ouvintes. Acontece freqüentemente que quanto mais o sonhador reprime os sentimentos em relação ao sonho, mais as pessoas, que trabalham com ele, sintam essas emoções reprimidas.

A mulher que se sente como quando toda a família a deixou, reexperimenta as mesmas emoções *no seu material imaginário.* Respondendo a uma pergunta minha sobre a questão, ela me diz que essa experiência não está mais viva em si mesma, e que não pensa mais nisso.

Outra mulher sentiu-se mortalmente enjoada. Faço com que note que isso poderia ser devido às resistências inconscientes de Maggie em relação ao seu sonho. No trabalho com os sonhos é muito importante estar consciente das flutuações da atenção. As resistências se exprimem em geral com o enjôo, o cansaço ou a distração.

Um homem sustenta que, ouvindo o sonho de Maggie, sentiu toda a sua aversão pelas visitas familiares. Acrescenta pensar que isso não tem nada a ver com Maggie. Respondo-lhe que, para trabalhar com ela, é importante experimentar conscientemente essa resistência em relação à família e perguntar a ela se experimenta um sentimento parecido. Mesmo que isso não tenha nada a ver com Maggie, é importante que ele saiba como se sentiu como ouvinte. Nesse caso ficou envolvido em dois sonhos, o seu e o da sonhadora.

Peço a Maggie que conte novamente o seu sonho. Dessa vez os ouvintes percebem não tanto as próprias reações, e sim os detalhes do mundo imaginário de Maggie. Contando o sonho duas vezes, tem-se a vantagem de que o segundo relato se espelha no primeiro.

Maggie conta:

Estou em San Francisco. Não sei como cheguei aqui. Se estou aqui em férias, ou a que propósito. Estou em San Francisco com parentes. Parentes que não conheço. Tenho uma prima na costa ocidental, mas não é ela. Não, não conheço essas pessoas. Estamos em pé na praça. Parece o centro de San Francisco. Estamos em algum lugar diante de um edifício. Sim, é um grande edifício. Vejo os enormes blocos de granito com que ele é feito. São cinzentos e rosados. O edifício tem um teto em ponta — assim (faz um triângulo com as mãos para mostrar a forma em ponta do teto. É claro que está observando a imagem diretamente do interior. A sensação de que não estivesse imersa no sonho desaparece). Ao fundo há pessoas que entram no edifício. Parece uma câmara municipal. Ou então é um edifício onde as pessoas vão para resolver todos os tipos de problema. Poderia ser um tribunal, ou o departamento dos Serviços Sociais. O edifício é belíssimo, mas é muito pesado e austero. Estamos numa praça pavimentada. O menino veste calçãozinho curto e tem os cabelos claros. Seu pai, que está ao seu lado, é louro escuro. Conheço-o bastante bem, ao menos no sonho. A este ponto não tenho idéia de quem sejamos (sentimos que por um átimo ela se distancia do sonho). Não, não os conheço. Estou de pé, com essas duas máquinas fotográficas a tiracolo. Coloco o menino no foco e, ao mesmo tempo, quero colocar no foco também o edifício atrás deles. Quero colocar no foco o menino e o edifício ao mesmo tempo (faz um momento de pausa). Isso é tudo.

Pergunto aos ouvintes o que lhes chamou a atenção nessas imagens.

"Há duas máquinas fotográficas", diz alguém; "deve-se concentrar sobre duas coisas juntas".

A mulher que estivera mortalmente enjoada durante o primeiro relato diz: "Dessa vez absolutamente não achei o sonho enjoado".

Alguém acrescenta: "Gostaria de saber mais sobre o edifício".

"Sim, e sobre os parentes."

"E sobre San Francisco."

A busca de associações emerge espontaneamente. Você ouve falar de imagens e começa a pensar nas coisas que gostaria de ouvir do sonhador, para estar em grau de imaginar o contexto preciso.

"O que mais chamou a atenção de vocês?", pergunto.

Uma mulher intervém: "Não sei se tem a ver, mas notei um jogo de palavras. Dois rolos de filme. Pergunto-me se não há dois papéis na vida de Maggie, em relação à sua família. Mas não sei como perguntar. Isso poderia nos distanciar do sonho".

Um jogo de palavras como esse é freqüentemente uma boa pista a seguir, mas é de importância estratégica concentrar-se primeiro sobre a realidade das imagens do sonho. De outro modo a associação poderia nos distanciar, levando-nos para complexos que não têm referência direta ao sonho. Procuro salientar a diferença entre a livre associação freudiana — um processo ricocheteia de uma associação para outra — e a imaginação ativa de Jung, que se atém à imagem e procura penetrá-la. Os dois métodos são válidos, e trata-se apenas de escolher o momento certo para aplicá-los. Trabalhando sobre o sonho, indico em que ponto poderia ser útil um deslocamento lateral para uma série de associações.

Agora proponho andar para a frente, pedindo novas associações, imagens que sobrevenham espontaneamente do sonho, enquanto nos concentramos sobre os seus vários elementos. Essa não é associação livre. As associações permanecem ligadas aos elementos do sonho; são reações associativas.

Assim, queremos saber mais sobre o edifício no fundo, sobre os parentes e sobre San Francisco. "E sobre a fotografia", sugere alguém.

"Sim", diz um homem, "eu também tive uma impressão que de maneira nenhuma consigo explicar. Quando penso que estou disparando os últimos fotogramas de uma película sempre tenho pressa, porque desejo mandá-la revelar logo. Parece-me muito importante, mas não sei como possa ser com Maggie".

Acho que essa é uma ótima reação. É importante saber se se dá mais peso às últimas fotos ou à revelação logo a seguir.

Dado que, de qualquer modo, estamos falando de fotografia, peço que Maggie nos descreva as imagens que espontaneamente lhe vêm à mente quando ouve a palavra *fotografia.*

"Tenho uma máquina fotográfica e tiro fotos. Não é um verdadeiro *hobby.* Eis por que estou contente pelo fato de que as máquinas, no sonho, sejam fáceis de usar, porque quero estar segura de que as imagens saiam bem. Com essas máquinas sinto-me segura de mim mesma."

Repito algumas vezes, em voz baixa mas audível, as palavras "segura de mim mesma", de modo que produzam uma espécie de eco. Quando isolamos algumas palavras-chave dessa maneira, elas se tornam imagens do estado de ânimo ou exemplo de um certo modo de sentir.

Três pessoas pedem, contemporaneamente, mais detalhes sobre San Francisco.

É importante como são colocadas as perguntas, dado que as respostas dependem em parte das perguntas. É uma boa regra começar com uma pergunta genérica, e depois passar para as mais específicas.

No caso de San Francisco, eu teria perguntado em primeiro lugar: "O que lhe vem à mente quando você pensa em San Francisco?"

E depois: "Em que parte da cidade nos encontramos? A praça de San Francisco lhe recorda alguma coisa?"

"Nunca estive em San Francisco", responde Maggie à primeira pergunta, "embora tenha sido convidada por minha prima, que vive lá".

A esse ponto é possível um deslocamento lateral para a prima, isto é, para associações que distanciam da imagem do sonho. Quem é essa prima, que lembranças Maggie tem dela, passadas, recentes, e assim por diante?

"Minha prima não faz parte da família que desejo fotografar. Naquele momento de fato não conheço ninguém deles."

"A família de seus sonhos", sugiro.

"A praça fica no centro de San Francisco", responde à segunda pergunta. "Estamos no coração de San Francisco."

"O *coração* da cidade", repito, "o centro".

Agora chegamos ao ponto em que devemos nos aprofundar mais. Devo começar lentamente a colocar no foco a imagem do sonho e a aumentar a intimidade entre Maggie e mim.

"O que você vê na família?", pergunto.

"É um pouco vago. Vejo sobretudo o menino. Os outros estão na sombra. Sei que estão ali, mas não consigo recordá-los."

Na memória realizou-se uma focalização automática sobre o menino. É provável que, durante o sonho espontâneo, também os outros membros da família fossem visíveis, dado que o sonho não se afasta muito do evento cotidiano. Apesar disso a memória já selecionou aquilo que considera importante: o menino.

Pergunto: "Que aspecto tem o menino?"

Pela expressão dela compreendo que está se esforçando para colocar a imagem novamente no foco. Observa intensamente alguma coisa, com os olhos fechados. Inclina-se um pouco para a frente. Muito vigilante.

"Ele tem dois grandes olhos inocentes e uma boca maliciosa."

"Que tipo de roupa ele veste?"

"Calças curtas, malha e sandálias."

"E que aspecto tem o edifício no fundo?"

"É de granito. Muito pesado e sério. É um edifício público."

Repito: "Público".

"No edifício são resolvidos problemas."

Faço eco: "Problemas resolvidos, solução".

"É um edifício onde os problemas são enfrentados."

"Ocupar-se de pessoas com problemas", sussurro baixinho e com ênfase. Todos estão sentados, com os olhos fechados ou então observando atentamente Maggie. Essas perguntas tinham a finalidade de empurrar Maggie para dentro do sonho, a fim de senti-lo a partir de dentro. Agora parece que é o momento certo para uma pequena intervenção terapêutica.

"Você pode ver através da máquina fotográfica?"

Ela anui.

"Você pode colocar no foco o menino, depois o edifício, e depois de novo o menino e de novo o edifício?"

Ela anui e permanece em silêncio por um momento. Posso ouvir o tic-tac do relógio.

"A imagem está mudando", diz ela, "o menino está se animando. Começa a saltar para cima e para baixo. Quer que eu me concentre nele e não no edifício?"

"O que você acha?", pergunto.

"Não é isso que quero", explica decidida, "quero colocar no foco *tanto* o menino *como* o edifício".

"Qual o estado de humor do menino?"

"Está feliz. Despreocupado. Muito espontâneo. Um menino divertido. Otimista."

"E qual é o estado de humor do edifício?"

"Sério e estético. Pensativo. Aí é administrada a justiça. Belíssimo, mas muito grave. Muito sólido."

A esse ponto podemos andar em qualquer direção. Poderíamos perguntar-lhe em quais momentos da sua vida emergiu esse humor luminoso e infantilmente espontâneo, que não quer ser perturbado pela seriedade. Quando, na sua vida, sentiu que devia ocupar-se com alguém e tornar-se útil?

Os dois humores — o leve e infantil e o pesado e sério — devem ser explorados, como também os aspectos da sua vida em que esses humores entraram em conflito. Deveremos examinar o contraste entre os dois humores, concentrar os esforços sobre ambos contemporaneamente, e individuar em que ponto o humor infantil procura subtrair-se a esse exame, tornando-se muito vivaz. Talvez essa imagem tenha uma relação, de um lado, com o otimismo infantil de Maggie, que em todo lugar vê novas possibilidades e, de outro, com o seu grande senso de responsabilidade, que pode ter uma influência repressiva sobre ela, produzindo sentimentos de culpa nos momentos felizes da sua vida.

Vou parar aqui, pois o que desejo mostrar é como as formas gerais num sonho se tornam visíveis e como a sua estrutura se adapta a isso. A estrutura de um sonho é mais ou menos impessoal. Qualquer pessoa poderia ter tido este sonho. Encher a estrutura com imagens pessoais requer um grau de intimidade que não existe no grupo. Quanto mais a imagem é pessoal, maior a necessidade de uma relação fechada, que possa conter as emoções. Os alquimistas chamam isso de recipiente hermético. Quando se trabalha sobre sonhos em grupo é muito importante avaliar o nível de intimidade que pode ser suportado. Quanto mais pessoal é o material, portanto, mais forte deve ser a coesão do grupo. De outra forma o sonhador sente logo que o seu material, muito delicado, fica exposto a um frio olho perscrutador. Em tal caso pode-se manifestar facilmente um sentimento de grande vergonha. Pode-se trabalhar muito mais a fundo num grupo com forte ligação de intimidade, do que num grupo que tem a mesma coesão de grãos de areia.

8

Debaixo d'água

No encontro sucessivo discuti a albedo na alquimia, porque o sonho de Maggie tinha apresentado algumas imagens referentes à atmosfera da albedo. A imagem do sal é usada freqüentemente pelos alquimistas. O sal deriva das lágrimas e do suor, e está ligado à nostalgia e à amargura. Era usado pelos alquimistas como fixador para preservar os processos. Eles pensavam que sem o sal amargo os oceanos teriam secado. Acreditava-se que o sal solidificasse o vapor úmido. Sem o sal qualquer coisa evapora; o sal neutraliza a volatilidade. A desilusão é, particularmente, uma mina de sal. A fotografia é um tipo de salgamento das imagens, para prevenir a sua evaporação. A memória é fixada numa película de prata, uma emulsão sensível à luz que retém as impressões na câmara escura. Isso evoca as imagens da lua, que se reflete na noite, e do espelho de prata. Maggie tem duas máquinas fotográficas. A duplicidade e a ambigüidade das impressões estão ligadas à albedo e a Mercúrio.

No encontro sucessivo à sessão em que se falou sobre a alquimia, George apresenta o seu sonho. Conta-nos logo que teve um sonho sobre o qual quer trabalhar. Afirma trazer essa imagem desde a semana passada e ter conseguido expulsá-la. Parece tenso. Sua voz trai a excitação, como se algo estivesse premindo para sair, a todo custo:

algo que deseja ser expresso, que quer se exprimir. Também Michel tem um sonho, mas a tensão que se percebe na sua voz e nos movimentos parece menor. Algo está acontecendo a George. É um cientista, com boca sensível e barba; em geral está calmo. Seus olhos parecem habituados ao microscópio e seus dedos ao teclado da sua calculadora do M.I.T. (Massachusetts Institute of Tecnology). Agora seus olhos apresentam uma expressão poética. Eu o convido a contar-nos o sonho a partir de dentro: uma recomendação supérflua, uma vez que as imagens parecem rodeá-lo. Agora ele treme claramente a voz. Não sei se isso é devido ao sonho ou ao embaraço de falar ao grupo.

Antes de começar, peço que todos procurem sentir o que acontece dentro deles. Uma mulher observa: "Sinto a cabeça zumbindo, estou com os joelhos moles e tenho dor nos pés, como se tivesse ficado muito tempo em pé. Apesar disso gostaria de dar um pulo, como se me encontrasse numa linha de demarcação". Depois de ouvir o sonho ela acrescenta que lhe doem os lóbulos das orelhas, e sente como se lhe tivesse acontecido algo nas costas.

Não sei o que possam significar essas observações, mas o mais importante, aqui, é o sentido de uma aguda auto-observação que não provém apenas do centro racional.

George conta o seu sonho:

Vejo uma bacia de aço inoxidável cheia d'água. Dentro há um coelho sentado. Sua cabeça desponta da água e, enquanto eu o olho mais de perto, ele põe a cabeça debaixo d'água. Começo a ficar preocupado com o coelho e com a saúde dele. Mas, quando o olho, percebo que esse é o seu habitat natural. Esse é o sonho.

Olho ao redor e vejo que Francis, o ator de cinema, está rindo. Certamente acha o sonho muito cômico. Todos permanecem em silêncio, eu olho longamente Francis, até que explode numa risada e confessa que, durante o tempo todo, não podia deixar de pensar num mago e como o mago fazia desaparecer um coelho molhado do seu chapéu. Imita o espanto do mago quando este vê aparecer o coelho gotejando do seu chapéu. Todos riem. A tensão foi desfeita. Outros tiveram a mesma sensação.

Também George ri e nota que o estranho é que o coelho não esteja absolutamente molhado. Imagina que, se pudesse tirá-lo da água, ele estaria enxuto. Com efeito, a cabeça do coelho era vaporosa, mesmo debaixo d'água. Observo que se trata certamente de um coelho extraordinário, um verdadeiro coelho de senho. "Sim", diz George, "eis por que a imagem chamou tanto a minha atenção. O coelho está bem debaixo d'água, como se fosse um anfíbio que não se molha".

Nesse momento explico brevemente o erro do naturalismo. A falsa noção pressupõe que o mundo dos sonhos e o mundo natural da existência diurna sejam idênticos ou que devam sê-lo. Por exemplo: um coelho pertence à terra, e portanto existe algo de estranho num coelho debaixo d'água. Se num sonho vemos passar troteando um cão manco com feridas que supuram, temos imediatamente a sensação de que algo não está bem, que algo deveria ser melhorado.

Todavia a própria imagem do sonho se concentra sobre o cão manco, que atingiu um estágio de decomposição. De modo semelhante, um pássaro que voa sem asas não é, necessariamente, um volátil ao qual tenhamos cortado as asas. Talvez sempre tenha voado sem asas; esta é exatamente a qualidade específica daquele pássaro. Em poucas palavras, uma imagem onírica não deve ser examinada sobre o plano férreo de uma consciência naturalística. Na realidade imaterial do mundo onírico cada monstro tem a sua forma. É justamente isso que deixa George espantado: o coelho está completamente à vontade. Um coelho subaquático.

Enquanto falo, começo a perceber uma nuança de pânico na minha voz. Não sei onde devo parar com esse sonho, embora isso seja a minha sensação habitual. Geralmente não sei por onde começar. Nessas ocasiões nada vem à minha mente. Depois aparece um doloroso sentimento de inferioridade em relação ao sonho; minha consciência racional começa a sentir os seus limites e as minhas outras faculdades podem se exprimir. Daí que um sentimento depressivo, quando se começa a trabalhar com um sonho, seja normal. Também outros analistas experimentam esse sentimento, como já observei alhures.[1] Os sentimentos de inferioridade estão estreitamente ligados ao trabalho com os sonhos. Mas, com o presente sonho, estou com boa dose, reforçada por um sentimento de pânico, que parece querer me distanciar do sonho. "Não sei o que fazer com este sonho", digo. "Para mim é de aço inoxidável."

A última frase é uma tentativa de exprimir a minha resistência à linguagem do sonho, de modo que posso perceber que a resistência está ligada ao sonho e o processo de "metaforização" pode ser começado: visualizar um discurso a partir das palavras que o compõem. Aprender a ver as formas metafóricas nas imagens literais é essencial para o trabalho com os sonhos.

Jenny pergunta a George se ele pode tocar a bacia. Ao mesmo tempo faz um gesto com a mão, como se quisesse afastar algo. Peço-lhe para repetir o gesto. Parece que ela quer afastar algo de si. Observo o quanto é importante perceber esses gestos de defesa para sentir como se

1. Cf. Robert Bosnak, "The Dirty Needle: Images of the Inferior Analyst", *Spring 1984*, Spring Publications, Dallas, 1984, p. 105.

exprime a resistência ao sonho. Claramente outros sentem a mesma resistência que experimento. Jenny a exprime com um gesto involuntário. Acrescento que também estou passando por um sentimento de derrota e que o trabalho sobre este sonho me parece sem esperança. É importante, porém, não tomar essa sensação de modo literal, para não abandonar imediatamente todo o trabalho. Há uma atmosfera que parece pertencer ao sonho.

Alguém pergunta: "O que aconteceria se você tirasse o coelho da água?" George reflete um momento: "Acho que a imagem mudaria; ficaria um pouco como uma actínia". Os participantes estão sentados imóveis. Há uma confusão de cadeiras. A atenção se intensifica. É claramente mais fácil concentrar-se sobre uma fantasia, que afasta do sonho, do que concentrar-se sobre a imagem real. Três pessoas diferentes querem saber mais sobre a actínia, e George sente-se disposto a satisfazê-las. Interrompo, dizendo-lhe que gostaríamos de nos distanciar da imagem do coelho subaquático na sua bacia de aço inoxidável, mas parece-me mais importante imergirmos na imagem, antes de nos deixar tomar pela concatenação das imagens associativas.

Sinto necessidade de passar para a imagem sucessiva como ulterior indicação de que o sonho é rodeado por fortes resistências.

Começamos a discutir sobre como entrar na imagem. Começamos pelo coelho, pela bacia ou pela água? Devemos procurar associações ou amplificações? Acende-se animada discussão entre aqueles que desejariam começar pela imagem da bacia e aqueles que prefeririam passar logo para o coelho.

Fico à parte e percebo que agora a atmosfera parece muito cerebral. Não digo nada para não perturbar a vivaz discussão. "Esperem um minuto", diz George. "Agora é como se a bacia estivesse se esvaziando. A água transborda da bacia e o coelho está ficando nervoso." Parece-me um sinal para tirar-nos dessa árida atmosfera cerebral. Mas como? George estende a mão. "O que deseja a sua mão?", pergunto. George recolhe a mão, surpreso. Não tinha percebido que estava fazendo um movimento particular. "Acariciar, quero acariciar o coelho. Ele está amedrontado." Agora sei o que fazer; o caminho parece claro. Devemos lentamente nos aproximar do momento em que George toca o coelho. Agora podemos começar.

Uma mulher tem uma reação tardia e quer expressá-la. A situação lhe recorda muito *Alice no país das maravilhas*. Parece um evento mágico.

"Em primeiro lugar observemos o ambiente da bacia. Ela está fora ou dentro, num aposento ou ao aberto?", começo eu, focalizando a percepção sobre a imagem, sem desencadear resistências.

"Num aposento", responde George, convicto. Ele voltou definitivamente à imagem do sonho e fala de um ponto de observação direto.

"Você pode ver o solo? Há um pavimento?"

"Vejo um raio de sol refletido na bacia. Não posso ver bem o pavimento. Talvez seja de madeira."

"Você pode ver se é de madeira", pergunto-lhe decidido, "ou pensa que seja de madeira?"

"Presumo."

"Por favor, não presuma!" Trata-se de focalizar essa observação. Começar a adivinhar obscurece a verdadeira imagem. "Onde você se encontra? De pé, sentado ou deitado?"

"Estou de pé, a meio metro mais ou menos da bacia, e a olho de alto a baixo."

"E a bacia? Pode descrevê-la?"

"Tem um diâmetro de mais ou menos meio metro e uma altura de mais ou menos quarenta centímetros; está cheia d'água até quase à borda. O fundo é chato. Tem uma ligeira curva; parece uma pequena banheira. Ao redor da bacia há uma borda. O metal é prateado; digo que é de aço inoxidável, mas não estou certo disso. Poderia ser uma ou outra coisa. É de metal prateado com reflexos azuis, mas não foi polido. Tem uma superfície metálica granulosa, áspera, mas que reflete."

Estou surpreso com a sua capacidade de observação; é certamente fruto do seu treinamento para a observação científica.

"Que sensação a bacia lhe dá?"

"Dá-me certa sensação de frio", diz, depois de uma breve pausa.

Vejo Jenny debruçar-se: "Sinto que posso esquentá-la com as mãos", e apresenta as mãos em concha. George sorri, concordando, ainda com os olhos fechados.

"Recorda-me a lua sobre a água de um lago." Um lago como aquele na América do Sul, onde esteve em férias, curiosamente debaixo d'água.

Se nesse ponto você quiser proceder lateralmente com as associações, você se aprofundará em lembranças particulares e associações ligadas à memória pessoal. Desse modo, penetrará nas mais íntimas imagens e memórias daquelas férias, para depois entrar em associações ainda mais ressonantes, que o conduzirão para atmosferas semelhantes de outros períodos de sua vida. Depois você volta para a imagem do sonho, antes de se encontrar muito longe.

"Voltemos à bacia", sugiro.

George concorda. "Para começar, parece com algo de sanitário, algo ligado a um hospital."

"Um hospital, um edifício cheio de doenças", penso comigo. Uma bacia cheia de doenças; uma bacia doente.

"Mas poderia facilmente assumir outra forma. Depois torna-se um cálice de prata." Vejo que a atenção geral é despertada pela belíssima prata do cálice. Que imagem religiosa! Obviamente todos sentem que isso é bonito. *Cálice* significa também vaso eucarístico. É um pouquinho demasiado belo para mim. Assim descrito poderia chegar a ficar demasiadamente exaltado.

"Transforma-se verdadeiramente num cálice ou é você que espera que isso aconteça?"

"Penso que se tornaria um cálice, apenas a tocasse."

"Então toque-a", digo distraidamente, para evitar suscitar novas resistências em relação à imagem da bacia. "A bacia muda?"

"Muda um pouco, mas não como eu teria imaginado."

Agora está onde deveria estar. Exatamente como Jenny, tem a bacia entre as mãos.

"Você a segura entre as mãos?", pergunto-lhe, para fixar a imagem.

Ele concorda, fixando com atenção a si próprio com a bacia.

"Que sensação lhe dá?"

"Pesada e viva ao mesmo tempo", responde sem hesitar.

"De onde vem a qualidade vital: da bacia, da água, do coelho, ou da imagem inteira?"

"Não, depende toda da sintonia que tenho agora com a imagem."

Penso que seja o momento de realizar um movimento lateral.

"Que tipo de sensação é?", pergunto-lhe. "Não deve contá-la", acrescento com cautela, "mas há uma imagem específica da memória que acabou de chegar à superfície?"

Concorda, em estado de transe. "Agora a imagem muda radicalmente."

"É uma lembrança emotiva?"

Concorda vigorosamente.

Acrescento para os outros participantes que, se estivéssemos na situação terapêutica, nesse ponto seria perguntado qual é a lembrança emotiva de George, com todas as associações que daí derivariam.

Peço que George se concentre sobre a atmosfera emotiva da sua lembrança, da qual nada sabemos. Deixo-lhe um minuto, e depois retomo: "Agora volte à bacia. Que aspecto ela tem?"

"A água está mais livre, efervescente: parece viva. É agradável."

"Pode tocar a água para sentir a sua temperatura?"

"Parece a temperatura do corpo." Sua voz tem um tom interrogativo, como se esperasse uma interpretação minha.

"Você a sente como água da torneira ou como água salgada? Que efeito ela produz?"

"Há uma grande tensão na superfície", diz ele, com espanto. Quanto mais o observador se surpreende, mais clara se torna a diferença entre as suas expectativas subjetivas e a realidade da imagem em que se encontra. Agora a imagem tem uma dimensão de realidade autônoma.

"Posso entrar na água, mas..."

"Espere um pouco", digo, bloqueando-o. "Você pode parar no momento em que a sua mão está entrando na água?"

Concorda. "Preciso me exercitar. A superfície parece carregada de eletricidade. Devo colocar o coração sob pressão para atravessar a tensão da superfície."

As resistências se transformaram na imagem de uma forte tensão de superfície, que é difícil de penetrar.

"O que acontece quando você coloca o coração sob pressão?"

"O calor me invade. A água fica quente."

"Você poderia se concentrar um segundo sobre o coração?" George faz isso durante alguns segundos. "Está inundado de desejo", diz ele. Dá a impressão de estar completamente normal, nem dramático nem exagerado. "É um grande desejo de estar na água."

"Esse grande desejo lhe é familiar?", pergunto-lhe casualmente.

"Sim, evoca uma imagem."

"Você pode deixar-se penetrar, por um momento, pela atmosfera emotiva da imagem dessa lembrança?" Deixo-lhe um pouco de tempo.

Enquanto se concentra sobre a atmosfera da imagem, encolhe os ombros. Depois diz:

"Agora é como se me sentisse mal. Tudo parece — a imagem inteira parece — mais pesado." A imagem obviamente ficou pesada. Olho ao redor. No aposento a concentração é muito intensa.

"Sua mão ainda está na água?"

"Sim... não. Mantive a mão na água até que você me fez notá-la. Depois parece que ela saiu sozinha."

O aposento é atravessado por um profundo suspiro e por uma risada; a tensão foi rompida.

"Pense apenas nisso: a sua mão sai da água." Penso em voz alta. "É como quando a bacia se esvaziou, quando falávamos dela cerebralmente. Mas quero chegar a uma pergunta que vou fazer a todos: vocês perceberam a mudança de profundidade, quando a mão dele saiu da água?"

Dois terços dos ouvintes concordam com entusiasmo. Ninguém nega ter experimentado tal sentimento.

"O trabalho com os sonhos", acrescento, "sempre me faz pensar nas imersões no mar, nas quais se podem sentir claramente as variações de pressão nas diversas profundidades. Enquanto se trabalha com os sonhos é possível perceber o nível de profundidade em termos de *diferença de pressão*. Pressão atmosférica".

"Agora que não estou mais com a mão na água, a água está mais fria." No momento escolho não entrar no mérito desse abaixamento de temperatura. Repito apenas: "Mais fria quando você está fora da água. Enquanto não pensa nisso, você permanece quente e dentro".

Neste ponto tornam-se possíveis muitos deslocamentos laterais (por exemplo: "Conhece esses momentos de esfriamento?"). Mas quero chegar ao coelho. O meu interesse está crescendo: é como se o coelho me atraísse. Concedo-me algum momento para deixar essa atração agir.

"Acha que podemos entrar de novo na imagem?", pergunto-lhe com cautela. George concorda. Logo que nos concentramos de novo sobre a bacia, sinto que perdemos a profundidade, desde quando a mão de George saiu da água. Distraio-me facilmente e nada me vem à mente. Decido então recomeçar tudo desde o início. Esse processo em direção contrária tem a finalidade de recolocar as imagens num grau superior de realidade.

"Que aspecto tem a bacia agora?"

"É mais branca, um pouco semelhante à porcelana. Sim, agora é uma bacia de porcelana branca sobre um pedestal."

"Oh!", exclamo, "agora encontra-se elevada; colocada sobre um pedestal, levantada?"

Com esse jogo de palavras em forma interrogativa, uma espécie de interpretação sem cerimônia, a qualidade metafórica da imagem é salientada. Isso torna supérflua uma interpretação mais explícita. A importância maior da bacia já está clara: "elevada; sobre um pedestal".

"Onde você está?"

"Estou em pé diante da bacia, que chega até o meu peito."

"No nível do coração?"

Concorda.

Observo, mentalmente, que a bacia atravessou uma albedo, uma fase de alvejamento. Agora é de porcelana branca. A reflexão, portanto, já exerceu a sua influência sobre a imagem.

"Há alguma coisa na bacia?"

"Sim, o coelho ainda está ali; ele se move na água."

"Que aspecto ele tem?"

"É branco e cinza-marrom. Orelhas longas. Nariz móvel de coelho. Saltita um pouco debaixo d'água. Pequenos saltos de coelho."

"Como está a água?"

"Logo que você perguntou ela se tornou um pouco mais escura e depois de novo clara... um pouco como a água da torneira, porém mais azul."

Agora sinto o mesmo grau de profundidade de antes. Contudo, vez por outra, a atenção volta imprevistamente para a superfície. Percebo os rumores da cidade, mais do que antes, quando não ouvia absolutamente as sirenes da polícia e das ambulâncias. A qualidade da profundidade é instável. Quero estabilizá-la fazendo George se aproximar do coelho.

"Você pode se aproximar do coelho?"

"Sim, estou me aproximando."

"O que acontece?"

"Está mudando. Posso ver toda a parte superior, mas sinto o coelho mais na cabeça, mais cerebral."

É exatamente isso que eu temia. Nesse ponto estamos próximos das resistências, que poderiam fazer com que perdêssemos profundidade.

"Sim", digo, "eu também sinto isso. O que acontece agora com o seu coração?" Silêncio.

"Aquele desejo, mas vago."

"Entre naquele desejo; faça-o crescer."

Silêncio. Os dedos de George se movem como se quisessem agarrar algo.

"Suas mãos querem ainda aproximar-se da bacia?"

"Só para tocar a superfície da água. Sinto grande resistência a entrar na água."

Agora ele pode sentir a resistência. Isso significa que não se identifica mais com ela, ou certamente menos do que antes. Até o momento que você se identifica com alguma coisa, a atmosfera dela o permeia inteiro. Penetra você de tal modo que você não pode distingui-la com clareza.

A qualidade da profundidade estabilizou.

"Como está sentindo a resistência?"

"Sinto um peso no coração."

Depois pergunto com ênfase: "O que acontece com o coelho, quando você coloca a mão na água?"

"Ele se espanta. Torna-se maior. Depois volta ao normal."

Curioso. Penso que o coelho se torne maior quando fica espantado. Poderia haver aqui uma relação com o coração?

"Como está o seu coração?", pergunto-lhe em voz alta.

"Bate apressadamente."

Sinto-me tenso por algo que está para acontecer e lhe pergunto: "Você está nervoso?"

Concorda decidido: "E como!"

"Sua mão está perto do coelho?"

"Sim, eu o toco."

"O que você sente?"

"O coração batendo ainda mais depressa. Tenho medo e estou cheio de expectativas..."

"O que o coelho faz?"

"Abaixa as orelhas; como se me permitisse acariciar-lhe a cabeça."

"Você está fazendo isso?"

"Devo esticar o braço."

"Está fora do seu alcance?"

"Sim, é como se eu devesse fazer um grande esforço."

Evidentemente, aqui aconteceu algo. Sinto que a pressão sobre o coração está crescendo.

"Você precisa forçar o coração?"

"Sim, devo usar toda a minha força e fazer pressionar o coração, para podê-lo tocar apenas com a ponta dos dedos."

"Como você o sente?"

"Macio e vaporoso."

"O que acontece ao coelho?"

"Parece acalmar-se."

"Como está o seu coração?"

"Um pouco mais calmo. Começa a relaxar; uma sensação de maior liberdade. Agora o coelho parece um animal doméstico. Posso sentir os ossos da cabeça e as orelhas. É quase como um cão; o meu animalzinho."

Depois acrescenta, estupefato: "Como se eu já tivesse conhecido aquele coelho...".

"Como é a sensação de já ter conhecido aquele coelho?"

"Faz-me voltar à minha primeira infância."

Nesse ponto, em outro contexto, olharíamos mais de perto as imagens da primeira infância, que abrem caminho. Parecem estreitamente ligadas ao coelho. O coração infantil.

Nós o deixamos por um momento com as imagens da primeira infância.

"Qual é a atmosfera emotiva das lembranças da primeira infância?"

"Alegria e medo, ao mesmo tempo."

"Deixe-se penetrar por essas sensações."

Olho ao redor. Meu despertador indica que o tempo está quase no fim. Todos se sentam com os olhos fechados, à escuta das recordações da primeira infância, dos amados coelhos domésticos.

A reunião terminou e sinto-me cansado. Ainda alguns minutos com as lembranças de infância e depois voltaremos à realidade do aposento.

"Agora devemos abandonar lentamente o coelho", sussurro.

"Qual a sensação de deixar o coelho?"

"Enquanto tiro a mão do coelho, é como se abandonasse algumas partes internas minhas. Algo que vive profundamente dentro de mim."

"Que aspecto tem a água?"

"Parece um espelho."

"Continue a olhar o espelho."

Neste processo da albedo claramente se desenvolveu uma capacidade de refletir ligada aos sentimentos mágicos da primeira infância. Um contato restabelecido com o coração da infância.

"Agora devemos voltar a este aposento", digo, com pena.

Silêncio sepulcral. Os olhos se abrem lentamente.

"Muito agradecido", digo, colocando o despertador, que estava na mesinha ao meu lado, dentro da pasta.

Uma mulher dirige-se a George: "Era mágico".

George olha para ela como se estivesse suspenso entre dois mundos.

Eu me aproximo de George e lhe dou a mão. Um quente aperto de mão.

9

Movimentos no espaço

Pelo trabalho com o sonho de George, torna-se claro que os movimentos no interior da imagem do sonho são da máxima importância, especialmente aqueles com os quais a consciência se avizinha ou se distancia das figuras do sonho. A distância emotiva entre consciência habitual e figura do sonho parece ser vivida como física, em metros e centímetros. Uma distância que, às vezes, deve ser superada para entrar em contato com a figura do sonho.

Tomemos dois exemplos.

Marianne é uma mulher pequena e de aspecto tímido, que trabalhou durante anos com o Corpo da Paz na Ásia, de onde voltou há pouco tempo. Tem o seguinte sonho:

Um rato cinzento salta para fora da minha bolsa de pele cinzenta. Salta sobre o pavimento e corre pelo aposento. De algum lugar chega correndo um gato. No fundo do aposento o gato captura o rato e o come. Tenho uma sensação de alívio.

Apresenta o sonho ao grupo, pedindo desculpas. É apenas um pequeno sonho sem importância. Não sabe sequer se podemos fazer algo com ele. Tem a convicção sincera de que o sonho seja pobre de significado. Quase todo o grupo foi atingido pelo fato de que ela tenha contado o sonho praticamente sem emoção. Para controlar se, por acaso, ela tenha medo dos ratos, já que manifestou uma sensação de alívio quando o rato foi comido pelo gato, pergunto-lhe como se sentiu quando o rato saiu da bolsa. Ela sustenta que achou o rato gracioso e adorável. Tê-lo-ia acariciado com prazer, mas ele escapou. Nesse ponto fica evidente que a consciência reage estranhamente à morte do pequeno rato adorável: segundo o seu relato, experimentou alívio e nenhuma emoção. Tomado em si, isso não significa que haja algo de anormal, mas a sua indiferença certamente requer uma pesquisa ulterior. Outra vez o trabalho começa com uma imagem que faz intuir a presença de uma pequena resistência, a imagem da bolsa e do rato. Procuro manter à parte as fáceis interpretações de caráter sexual, pornográfico. Ela própria diz que lhe parecem um pouquinho imagens "freudianas". Algo como ratos fálicos dentro de bolsas vaginais. Rimos todos nervosamente, sinal de que a esfera sexual encontra-se implicada. A risadinha submissa, adolescente, é ótimo indicador da presença do sexo. Todavia, quero chegar à matança do rato, o delicioso e adorável ratinho cinzento. Nesse ponto sinto a máxima remoção da emoção, a máxima agregação da força vital. Para tornar mais aguda a lembrança da imagem, peço que Marianne descreva o lugar em que se encontra quando o rato salta para fora da bolsa e começa a correr pelo aposento.

"Estou no canto de um aposento. Parece um pouco este" (o lugar onde se realiza o encontro sobre os sonhos). Enquanto o descreve nos detalhes parece, enfim, ligeiramente diverso. Um pouco mais profundo. O lugar onde o gato agarrou o rato é bem escuro. Peço-lhe para enfocar a cena do gato que salta sobre o rato, sem perder a consciência da sua posição no aposento. Experimenta de novo a mesma sensação de alívio, como no sonho. Para dizer a verdade, não transparece muita emoção: "Vejo apenas como o gato devora o rato. Não me toca muito".

Ela está de pé no aposento, mais ou menos a quatro metros de distância. Peço-lhe para dar um passo à frente. Ela me responde que está ficando um pouco nervosa. Um pouco amedrontada. Com o sucessivo passo para a frente o medo aumenta. Eu me detenho, para avaliar quanta pressão ainda posso exercer. A pressão emotiva cresce a cada passo que a aproxima do evento. Parece-me que tenha boa capacidade de recuperação e poderá suportar mais um pouco de pressão. Peço-lhe para se aproximar mais um passo. Agora está justamente no lugar em que o gato devora o rato. De improviso Marianne explode a chorar, de modo descontrolado. Estamos todos muito calmos. Espero não ter exagerado, particularmente porque, de modo inesperado, ela se tornou tão emotiva. Marianne se acalma. Chorando diz que passou por um incidente quase mortal, que a deixou em estado de coma durante meses. A partir daí havia removido totalmente o incidente, do ponto de vista emotivo. Esta era a primeira vez que ele se apresentava, com toda a força. Quer parar de trabalhar sobre o sonho e diz que mesmo na terapia (ela está fazendo análise) ela não teria superado essa posição. Digo-lhe que tem razão: alguns hematomas devem primeiro supurar, para depois serem cortados.

Contrariamente a Marianne, Maria encontra-se muito perturbada quando apresenta o seu sonho, na sessão seguinte. Teve o sonho duas noites antes, e achava-se de tal modo sob pressão que custou muito esperar pela sessão sobre os sonhos. Ela é laureada em teologia e quer se tornar sacerdotisa. Seu sonho é o seguinte:

Estou caminhando num longo corredor escuro. Verdadeiramente em profunda escuridão. Parece uma espécie de túnel, muito longo. Diante de mim vejo uma luz que se filtra de uma rachadura, sob uma porta gigantesca. Quando me aproximo, a porta se escancara e diante de mim há uma luz branca, enceguecedora. É tão oprimente que desperto.

Quando voltamos à imagem, ela caminha de novo ao longo do corredor escuro e diz que isso lhe recorda um período terrível, do qual há pouco saiu. Sente-se feliz de dirigir-se de novo para a luz. Quando se aproxima da porta, a luz branca que se filtra pela rachadura ilumina o espaço ao redor dela, mas ainda não consegue distinguir nada. Chama-lhe a atenção a madeira grossa da porta, sem ornamentos. Quando se encontra mais ou menos a um metro de distância, a porta se escancara. "A luz é tão horrivelmente branca. Naquela luz não há formas. Além da porta há apenas luz. Nada mais. Uma espécie de vida para além da morte. Ela me amedronta e ao mesmo tempo me atrai."

Peço-lhe para aproximar-se lentamente da luz. Quando chega à distância de três passos da porta, diz: "Estou certa de que se agora estendo um braço a porta desaparecerá. Tudo desaparece naquela luz branca".

Maria começa a respirar muito mais apressadamente. Quando, a meu convite, avança e pára na soleira, sua respiração torna-se afanosa: fica tomada pelo pânico. Com uma respiração assim tão rápida poderia até desmaiar. Primeiro peço que ela respire lenta e profundamente. Também eu começo de forma automática a respirar profundamente. Ela se acalmou um pouco. Pergunto-lhe que aspecto tem a luz branca.

"Se eu avançar mais um passo, desapareço. Depois não poderei mais voltar atrás. É muito quente, mas não quentíssima."

Peço-lhe para perceber o calor no seu corpo.

"É estranho: na parte da frente está quente e na parte de trás frio. A escuridão é fria. Para dizer a verdade, é um alívio estar diante da luz branca."

Eu lhe sugiro que procure o ponto do seu corpo em que a luz quente e a escuridão fria se encontram.

"Meu corpo está atravessando por uma espécie de linha longitudinal. Quanto mais me concentro sobre a linha, mais ela se torna vermelha, envolvente. Está viva. É exatamente como uma veia vermelha, que vive entre a luz e a escuridão." Quanto mais a faço permanecer nessa imagem, mais a sua respiração se torna afanosa. "O vermelho no centro começa a enrolar-se. Tenho muito medo. Quero parar."

Convido-a a afastar-se lentamente da luz para a escuridão. "Caminhe lentamente para trás." À medida que se afasta, o medo diminui. Começa a chorar. O grupo encontra-se imóvel.

Pouco depois Maria diz: "A última coisa que vi parecia ser um grande vaso, cheio de líquido em ebulição, mas eu queria me afastar. Estava tão apavorada! Nunca fiquei tão apavorada assim em toda a minha vida".

Os alquimistas afirmam que a alma humana encontra-se tensa *entre* o espírito informe da eternidade e a escuridão da natureza terrestre. Eles a chamam de *anima media natura,* alma que participa de ambas as naturezas e que corre como numa espiral entre a eternidade e a existência temporal. Os alquimistas eram cristãos, e o seu redentor foi crucificado entre a eternidade vertical e a existência terrena horizontal. Durante a Idade Média, a imagem da alma, dolorosamente contida entre os dois mundos, ainda estava viva. A sessão termina com a fonte, em ebulição, da vitalidade despedaçada.

Saio. O rio Charles serpeia calmamente entre Boston e Cambridge.

10

Amplificação

Conforme o meu dicionário, a palavra amplificação significa: 1. literalmente: aumento; em sentido figurado: mais ampla exposição de um pensamento, um propósito ou uma imagem; 2. exageração. Aplicada ao trabalho com os sonhos, em âmbito clínico, indica o procedimento técnico dirigido a reforçar a imagem a partir de fora, fazendo-a ressoar como numa câmara acústica. Essa câmara acústica compreende imagens que provêm da consciência coletiva, ou então do conjunto, comum a todos, de imagens que vivem, de forma documentada ou não, na memória da espécie humana. Podem ser espalhadas desde a publicidade televisiva até as imagens religiosas, desde as revistinhas pornográficas até Dostoievski. Qualquer coisa que seja expressa pelas pessoas pode ser usada para colorir e aprofundar o tom de uma imagem. Desse modo, a amplificação *não* se refere essencialmente ao *significado* da imagem.

Durante a amplificação levantamos a pergunta: "Que aspecto tem?" É uma pergunta sobre a fisionomia da imagem. Toda imagem tem o seu aspecto, um aspecto que devemos enfrentar. Segundo Aristóteles o *reconhecimento* de uma imagem é o início da arte do sonho. Praticando a amplificação — a amplificação é uma atividade, uma *operatio,* em termos alquímicos — é preciso fazer com que a imagem onírica ecoe as imagens comuns que se lhe assemelham.

Na sessão sobre o sonho de George, uma mulher fez um comentário amplificador que devia absolutamente exprimir. Para ela a história de *Alice no país das maravilhas* coincide com os eventos do sonho. Isso lhe dá, ainda que de modo vago, a impressão de que o sonho apresente maiores resultados quando remete à imagem de Alice.

Quando observamos a história de *Alice no país das maravilhas,* de Lewis Carroll, como material de amplificação para o coelho subaquático, nossa atenção se concentra sobre as imagens do coelho e do líquido. Deixamos de lado os outros numerosos aspectos da história, caso contrário nos encontraremos com uma enorme quantidade de material.

Alice encontra a entrada para o magnífico mundo das maravilhas através da toca do coelho branco. Quando cai no coração desse mundo imaginário, descobre uma garrafinha. Bebe o conteúdo dela e vai encolhendo, até ficar com vinte centímetros de altura. Depois torna-se muito grande. Ela chegou a um lugar em que o líquido altera as formas. Ela chora e o líquido de suas lágrimas forma um grande lago. Depois encolhe novamente, e encontra-se nadando em suas lágrimas. No lago de suas próprias lágrimas amargas, encontra os seres que vivem nesse maravilhoso mundo imaginário. Quando é interrogada sobre a sua identidade, Alice responde: “Sei quem *eu era* esta manhã, mas daí em diante aconteceram muitas mudanças”. Nesse mundo imaginário a sua identidade se extravia. Lamenta-se também de perder a memória (exatamente como num mundo de sonhos, em que as imagens evaporam imediatamente).

“Aqui somos todos loucos”, diz o gato de Cheshire.

Em outro capítulo são sempre seis horas da tarde; a hora do chá.

Através do coelho e de suas lágrimas, Alice se encontrou num mundo de transformação, loucura, memória fraca e repetição infinita.

O último encontro com o coelho branco, que a conduziu a esse mundo das profundezas, acontece num tribunal. Parece ser o mensageiro do rei (Mercúrio, que é chamado de *psicopompo,* o guia das almas, porque guia as almas para o mundo subterrâneo, é também o mensageiro dos deuses. Seu nome grego é Hermes). O processo, no qual a rainha ordena cortar a cabeça de todos, deixa Alice tão raivosa que a faz despertar e sair do mundo das maravilhas. Por fim, parece que o coelho branco esteja ligado com a rainha assassina.

Projetando o mundo imaginário de Alice no sonho de George com o coelho subaquático, podem emergir as seguintes imagens.

No coração da primeira infância vive um coelho que nos leva para a profundidade, profundidade de transformações constantes, com as quais devemos entrar em contato. A consciência habitual visita o mundo subaquático de suas próprias lágrimas, que faz a maioria das pessoas perderem as cabeças. O coelho é a figura responsável pela queda no mundo do esquecimento da personagem principal. Este é um papel que a alquimia atribui a *Mercurius psychopompos,* Mercúrio, que guia as almas dos mortos no além-túmulo.

No *Rosarium philosophorum* (resumido por C. G. Jung no seu livro *A psicologia da transferência*), um texto alquímico de 1550, há a incisão de um alguidar redondo, cheio de líquido. A incisão é chamada "Fonte de Mercúrio".

O líquido é uma miscelânea de essências de todos os planetas. A alquimia via nos planetas forças divinas, qualitativamente distintas, vários elementos dominantes da *imaginação* divina. Essa mistura de potência criativa, combinada com todas as forças cósmicas divergentes, era chamada *aqua vitae,* a água da vida. Nesse alguidar, cheio de líquido cósmico, existe o caos, a mistura informe de toda a força vital. Esse é o recipiente hermético em que acontece a transformação, a mudança da forma.

Hoje essa água da vida é também chamada de libido — paixão sexual e paixão pela vida. Também o coelho é freqüentemente descrito como um ser apaixonado sexualmente. Se projetamos essas imagens, como diapositivos, sobre o sonho, aparecerá a seguinte imagem: no alguidar redondo, cheio de líquido, todas as potencialidades para o desenvolvimento da energia vital estão misturadas. Esse estado de confusão-crescimento leva à mudança e é muito poderoso; um grande potencial na confusão caótica, uma paixão sexual e vital que fervilha no coração e está ligada à primeira infância.

Na tradição popular francesa se diz que comer carne de coelho faz mal à memória. O coelho leva ao esquecimento, como aparece claramente em *Alice.*

Em muitos relatos o coelho, e o seu *alter ego,* a lebre,[1] são descritos como astutos embrulhões que fazem a cultura avançar. São fautores não confiáveis e perigosos da difusão da consciência. Esse é também o papel atribuído a Mercúrio.

Mas quem é esse Mercúrio que no seu recipiente transforma constantemente a paixão pela vida?

1. O simbolismo da lebre e do coelho é explorado ulteriormente pelo analista junguiano John Layard em *The Lady of the Hare: A Study in the Healing Power of Dreams,* Shambhala Publications, Boston, 1988. Por coincidência, a Shambhala publicou *Breve curso sobre sonhos* contemporaneamente ao livro de Layard.

11

A imaginação como veneno curativo

Mercúrio acolhe na sua fonte todas as formas de imaginação — desde o íncubo mais demoníaco até a mais divina visão. É representado como extremamente indigno de confiança e enganador, uma figura que sempre confunde as pessoas. É a divindade de todos aqueles que viajam, de qualquer coisa que se mova de um ponto para outro. Um deus de transição, do mundo intermediário, onde reina sobre os malandros e os ladrões. Um deus cornuto, cheio de truques maus e sujos. Para a alquimia era o salvador. Desse ser obscuro, indigno de confiança, venenoso e astuto, o alquimista teve de extrair o elixir, o remédio que consiste no veneno e num envenenamento que leva à cura. Chamaram-no de *pharmacon,* "veneno curativo".

O trabalho com os sonhos é um trabalho com a imaginação.

Antigamente a imaginação era confinada ao mundo dos artistas e dos loucos. Essa concepção restrita da imaginação não considera que ela deforma e transforma continuamente a nossa experiência; que ela tem um papel central na percepção, por mais que nos acreditemos objetivos. É claro o quanto ela seja poderosa, especialmente nos sonhos: é capaz de dar forma a um mundo completamente real, não distinguível do mundo físico.

Freud descobriu que as neuroses são doenças da nossa imaginação. Percebeu que não só os traumas nos fazem ficar doentes (um trauma é um evento terrível que fere a alma ou o corpo, ou ambos), mas também a nossa imaginação incestuosa (o complexo de Édipo). As experiências que vivemos em nossa imaginação são para nós não distinguíveis das realidades concretas da nossa vida. Particularmente a primeira infância é uma mistura de imaginação e história.

Para os alquimistas era muito importante que Mercúrio, o deus da imaginação, não vagasse livremente pelo mundo na sua forma menos evoluída. Falavam dele como de um pássaro enfurecido, um demônio atrevido que incita os seres humanos à cólera. Chamavam-no de o "selvagem Mercúrio", que deve ser domado. Mercúrio se revela sob a forma de um dragão ou de um leão que ruge. O selvagem Mercúrio se manifesta como a força bruta da destruição, que pode dominar a imaginação e provocar terríveis efeitos sobre o mundo. Gera, além disso, os frenesis sedentos de sangue dos Berserker[1] — a luxúria germânica da batalha, frenética e estática, que já era chamada *furor teutonicus* antes de Tácito (55-120 d.C.). Essa necessidade passional de destruição grassava em 1942, quando Jung fez a sua conferência em Eranos, "Der Geist Mercurius" (O espírito de Mercúrio). Jung falou da duplicidade da imaginação que, de um lado, pode levar ao amor e a atos de beleza salutar e, de outro, a um frenesi de destruição aparentemente insensata.

Sempre me perguntei por que em 1942, bem no meio da guerra, em Eranos as pessoas estivessem ocupadas com Hermes/Mercúrio. Agora entendo que é muito importante, politicamente, reconhecer que a imaginação arcaica,

1. Selvagens guerreiros noruegueses que combatiam no campo de batalha com furor delirante.

sob a forma de loucura de massa, pode tomar posse de milhões de pessoas. Esse reconhecimento nos dá uma idéia dos poderes da imaginação humana; poderes arcaicos que não terminaram com a queda da Alemanha nazista.

Para a sua conferência em Eranos, Jung partiu da fábula *O espírito na garrafa,* contada pelos irmãos Grimm. Um pobre camponês tinha um filho que, por falta de dinheiro, não podia terminar os estudos. Esse filho encontrou, entre as raízes de um velho carvalho, uma garrafa da qual saía uma voz lamentosa: "Deixe-me sair! Deixe-me sair!" O jovem camponês abriu a garrafa e dela saiu um espírito poderoso, tão grande quanto o carvalho. O espírito disse: "Sou o grande e poderoso Mercúrio. Fui fechado aqui para penitência. A quem me devolve a liberdade devo quebrar o pescoço". O jovem pensou num truque. Disse que não acreditava que um espírito tão grande pudesse sair de uma garrafa tão pequena; queria ver com os próprios olhos. Para provar isso, Mercúrio entrou de novo na garrafa, e o camponês depressa colocou a tampa. O espírito ficou de novo aprisionado. Ele prometera ao jovem uma recompensa em troca da liberdade: um tecido que tinha o poder de transformar em prata qualquer coisa que esfregasse. O jovem libertou o espírito, recebeu o tecido, transformou o seu machado em prata e assim conseguiu dinheiro suficiente para terminar os estudos. Tornou-se um famoso doutor (*pharmacon*).

Na sua forma selvagem, Mercúrio se mostra como poderoso quebra-pescoços, um espírito de paixões homicidas que leva à destruição; *pharmacon* como veneno. Reposto na garrafa, na sua forma purificada, a forma contida por meio do reflexo, ele transforma o metal vil em prata polida: é o *pharmacon* como poder curativo. Mercúrio é a identidade da sede de sangue e do poder curativo. O quebra-pescoços sedento de sangue deve ser enganado para assumir o lado oposto da sua identidade. Imagino que essa tapeação aconteça também na produção do sonho. Nos sonhos vêm à superfície desejos ardentes e impulsos homicidas. Deixemos que essas imagens se desenvolvam, como se os impulsos sanguinários e destrutivos pudessem de fato ser desencadeados. Depois, na última hora, capturemos, num reflexo, esses lados obscuros de Mercúrio. Desse modo a imagem é vivida inteiramente, mas não transposta em ação. Mercúrio, a revelação da obscuridade, é tolerado como um impulso defraudado da sua ação. No meu sonho com Angie, por exemplo, foi importante fazer a experiência do buldogue sanguinário e mordaz, sem se tornar como ele. A identificação com o buldogue seria fatal, mas sentir completamente o cão sanguinário pode ser um remédio.

Aqui trata-se evidentemente de manter o espírito de Mercúrio na garrafa. No sonho de Ginger sobre o barro pudemos observar claramente como uma garrafa, recipiente hermético, viesse à vida. Depois de ter tido esses sonhos, Ginger fez uma série de obras sobre o tema do espelho como imagem central, como se quisesse submeter as imagens a um processo de reflexão. Dentro de uma forma claramente definida, o recipiente, a imaginação deve ser submetida a si mesma, através de um processo de reflexão disciplinada. Através desse processo, acontece uma concentração do poder imaginativo. A força metafórica de uma imagem é reforçada, e diminui a coação a exprimir a imagem de modo literal. Essa concentração da imagem aumenta a sua potência e, com ela, o poder curativo e transformativo de Mercúrio, deus da mudança extraordinária.

Como exemplo de concentração voltemos à imagem do médico no sonho do aeroplano (veja capítulo 2). Stella encontra o médico depois de ter caído no mundo sujo, do qual se limpa com dificuldade. Depois da queda, fica presa na mordaça do mundo sexual.

Sem mais fugir do sexo, pode entregar-se à libido curativa — o exótico Médico de Branco.

A tolerância de Stella pelo mundo do sexo será despertada pelo doutor. Esse envolvimento sexual pode acontecer em níveis diversos. Por exemplo, pode acontecer que essa imagem erótica seja vivida na sua transferência sobre mim, o analista. Nesse caso Mercúrio permanece no âmbito da terapia e a representação erótica se desenvolve dentro da garrafa. Mas também é possível que Stella comece a ter relações com homens exóticos, relações que a colocariam em estreito contato com a exótica paixão sexual masculina. Nesse caso será mais difícil manter Mercúrio na garrafa. O poder destrutivo da imaginação poderia escapar junto com Stella, com resultados desastrosos. Basta pensar num gigolô muito dotado, que a seduza e a desiluda, para imaginar muitos cenários trágicos. No caso particular, é muito importante concentrar a reflexão sobre a imagem do médico do sexo, de modo que o valor curativo metafórico não se perca. Caso contrário a imagem do sonho não será penetrada como deveria e o sinistro e enganador Mercúrio poder-lhe-ia literalmente destruir a vida. Mercúrio, com seus truques astutos, gosta de provocar a queda da representação do eu.

Estamos em grau, neste ponto, de reconhecer a ação dos dois aspectos de Mercúrio sobre os eventos mundiais. A imaginação criou uma tecnologia que concentra a luxúria homicida de Mercúrio em instrumentos de destruição total. Junto com a beleza, a imaginação tecnológica criou e alimentou o quebra-pescoços sanguinário, agora mais poderoso que nunca.

Com o advento da ameaça nuclear, a arte de Mercúrio, a relação com a imaginação, deveria ser praticada intensivamente. De outro modo nossa criatividade poderia levar à nossa destruição.

Creio que o advento da bomba atômica esteja diretamente ligado ao poder do arcaico desejo homicida da imaginação. Na sua forma elementar, esse desejo leva à destruição total e agora criou as armas que poderiam realizá-la.

Se estamos convencidos de que "nós" não queremos essa aniquilação, acreditamos que seja "o outro" que planeja a nossa ruína. Mas nem "nós" nem "eles" queremos essa destruição: quem a deseja é o espírito do selvagem Mercúrio, na raiz da nossa imaginação. Agora, mais do que nunca, é essencial que nos concentremos sobre a necessidade primitiva de destruição que está presente na imaginação. Se não reconhecemos essa sede de sangue e não a sentimos profundamente, então Mercúrio pode nos enganar e subjugar com a ameaça, paranóica e mortal, do impulso homicida dos nossos adversários, sejam eles comunistas ou capitalistas. Isso pode ser fatal.

A caminho de casa

Estou no meu carro, a caminho de casa. Sinto-me cansado, depois de uma longa jornada, e guio distraidamente.

Hoje, durante a sesta depois do almoço, tive um sonho. Caminho através de uma cidade desconhecida. Na vitrina de um loja de móveis, vejo alguns "cães persas". São parecidos com buldogues avermelhados, e parecem executados em porcelana em tempos pré-históricos, caso não estivessem vivos. Olho dentro. Um dos cães, vestido com uma veste de pele acamurçada marrom, claramente uma fêmea, vem em minha direção. Caminha sobre as patas posteriores. No seu focinho rosado há bigodes à Salvador Dali. A sua cabeça, semelhante à porcelana, reluz como um espelho. "É impossível", penso, "mas não importa". Aproxima-se e por trás do vidro ouço-a dizer: "Diga-o a todos, diga-o a Peter...".

Nesse momento o despertador toca.

O sonho me recorda imediatamente Angie e o buldogue que vi no início deste pequeno curso sobre os sonhos. A belíssima e fantástica "buldogue persa" parece uma mistura entre Angie e o buldogue que lhe saltou ao pescoço. Está ali, por trás do vidro, como numa garrafa, com os outros móveis, na loja de decoração. Está viva e, ao mesmo tempo, é uma imagem arcaica; é surreal com aqueles bigodes à Salvador Dali, no seu focinho semelhante à porcelana, no qual posso quase ver o meu reflexo. Sua cor é uma mistura de vermelho sangue, terra e azul celeste; o cão persa de cor púrpura deve me dizer algo. Também eu mudei. Não me importa mais se acontecem coisas que parecem impossíveis. Minha consciência racional deixa-se revirar facilmente, como aqueles bonecos que, quando caem, voltam logo à posição ereta.

Durante o trabalho sobre este curso sobre os sonhos aconteceu-me algo. As duas manifestações de Mercúrio, que tinham-se agarrado num combate mortal (a cadela inspiradora, com o poder de curar, e o macho sedento de sangue e de poder), fundiram-se durante a construção deste livro.

Esse fenômeno é aquilo que Jung chama de "função transcendente". Por trás desse nome impróprio esconde-se a idéia de que, elaborando os opostos durante bastante tempo sem tomar partido de um ou de outro, é possível desenvolver uma *identidade de opostos,* como diriam os alquimistas.

Na alquimia, a oposição fundamental é representada pela tensão entre homem e mulher. Através do processo alquímico, a tensão pode se transformar na imagem do hermafrodita, o homem-mulher no qual os elementos conflitivos são unificados, desenvolvendo uma nova identidade. É como se os elementos opostos tivessem uma raiz comum. Dentro da garrafa pode-se penetrar essa raiz. O *Breve curso sobre sonhos* era claramente uma garrafa assim, uma garrafa em que a *prima materia* — a luta entre os cães curativos e sedentos de sangue da minha imaginação (uma luta descrita pelos alquimistas como o conflito interno do paradoxal Mercúrio) — poderia ser cozida e transformada em porcelana viva, lúcida como um espelho. O animal foi humanizado, caminha ereto e veste roupa. Ao mesmo tempo, a imagem do são-bernardo e a do buldogue foram fundidas e remodeladas numa imagem surreal e arcaica, que deve me dizer algo.

"Diga-o a todos..." A identidade "Angie-buldogue" quer ser ouvida por todos. Oh, o desejo de poder, que obriga a alma a se exprimir! Sem isso, nenhum livro seria escrito, nenhuma idéia seria difundida!

"Diga-o a Peter..." Devo pensar imediatamente em Peter, a personagem do livro predileto da minha infância, que tem a chave de ouro. Na história Peter dá a um menino uma chave de prata, com a qual se pode libertar o poder da imaginação. A prata brilhante parece dar acesso ao mundo do poder curativo e do íncubo: o mundo dos sonhos.

O carro pára diante da minha casa.

Sumário